einfach bauen

Christoph Schulten

Impressum

2. Auflage

Printed in Germany

Verlagsgruppe Mainz
Süsterfeldstraße 83
52072 Aachen

Gestaltung, Druck und Vertrieb:
Druck & Verlagshaus Mainz
Süsterfeldstraße 83
52072 Aachen
www.verlag-mainz.de
www.druckereimainz.de

ISBN-10: 3-8107-0391-5
ISBN-13: 978-3-8107-0391-0

„Fürchte nicht, unmodern
gescholten zu werden.
Veränderungen der alten
bauweise sind nur dann erlaubt,
wenn sie eine verbesserung
bedeuten, sonst bleibe beim alten.
Denn die wahrheit, und sei sie
hunderte von jahren alt, hat mit uns
mehr zusammenhang als die lüge,
die neben uns schreitet."

Adolf Loos, 1913

Die Idee zu diesem Buch kam mir
nach meinem Werkbericht
„einfach bauen",
in der Vortragsreihe „spannweiten"
1997 an der TU Dresden gehalten.
Um einleitend meine Architektur-
auffassung unabhängig von all den
Architekturtheorien und -moden zu
klären, verglich ich einen schrillen,
aufwendig hergestellten Modehut
auf der Titelseite eines Journals
mit meiner einfachen, faltbaren
Filzkappe. Letztere Kopfbedeckung,
die einzig ihren Zweck als Wetter-
schutz erfüllt, entspricht auch meiner
Haltung in der Architektur.

Inhalt

Überall auf der Welt gibt es diesen Filzhut als Kopfbedeckung.
Er wird preiswert als Massenartikel hergestellt. Franzosen, Italiener, Engländer, Chinesen, und wie hier dieser russische Beerenverkäufer tragen ihn, weil er vor Sonne, Wind, Regen und Kälte schützt. Werbung für diese Kappe ist nicht nötig, denn sie wird auch in Zukunft getragen. Sie ist einfach ... zeitlos.

Da ich als Junge gerne zeichnete, wollte ich Künstler oder Architekt werden.

Skizze aus der Schulzeit
Latein-, Religions- und Sportlehrer

Monotypie „Pfau“, 1965

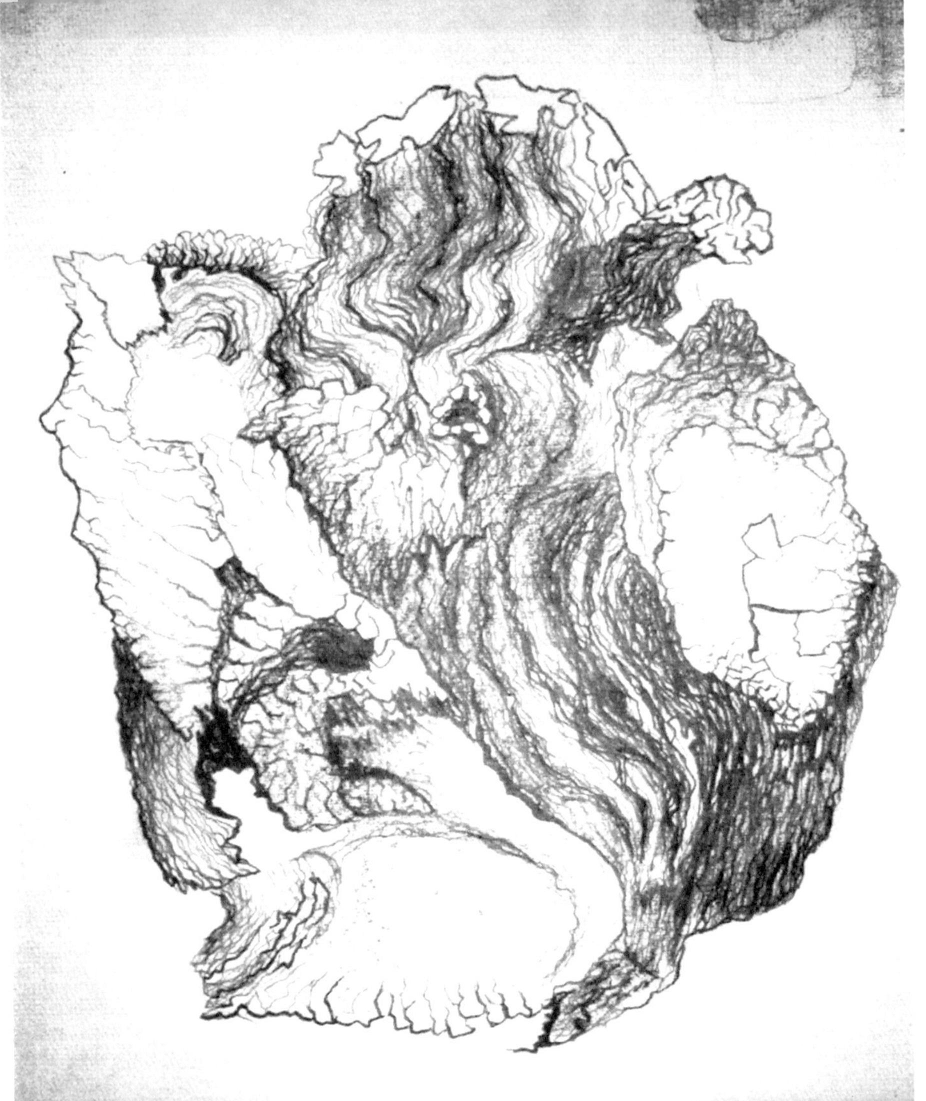

Zur Aufnahme für das Architekturstudium an der TH Aachen mußte ich Skizzen und Zeichnungen vorlegen und in einer eintägigen Klausur vorgegebene Gegenstände zeichnen, z. B. aufeinandergestapelte Quader, einen Stuhl, und Dinge nur aus dem Gedächtnis skizzieren: einen Tannenzapfen, ein Fahrrad. Als Abschluss ein erster Entwurf aus dem Stegreif: den Eingang und das Schaufenster eines Schmuckladens.
Zum Glück spielte meine Lateinnote für die Zulassung zum Studium keine Rolle, und so fing ich an zu studieren.

Freihandzeichnen
im Architekturstudium, RWTH Aachen
bei Professor Schneiders

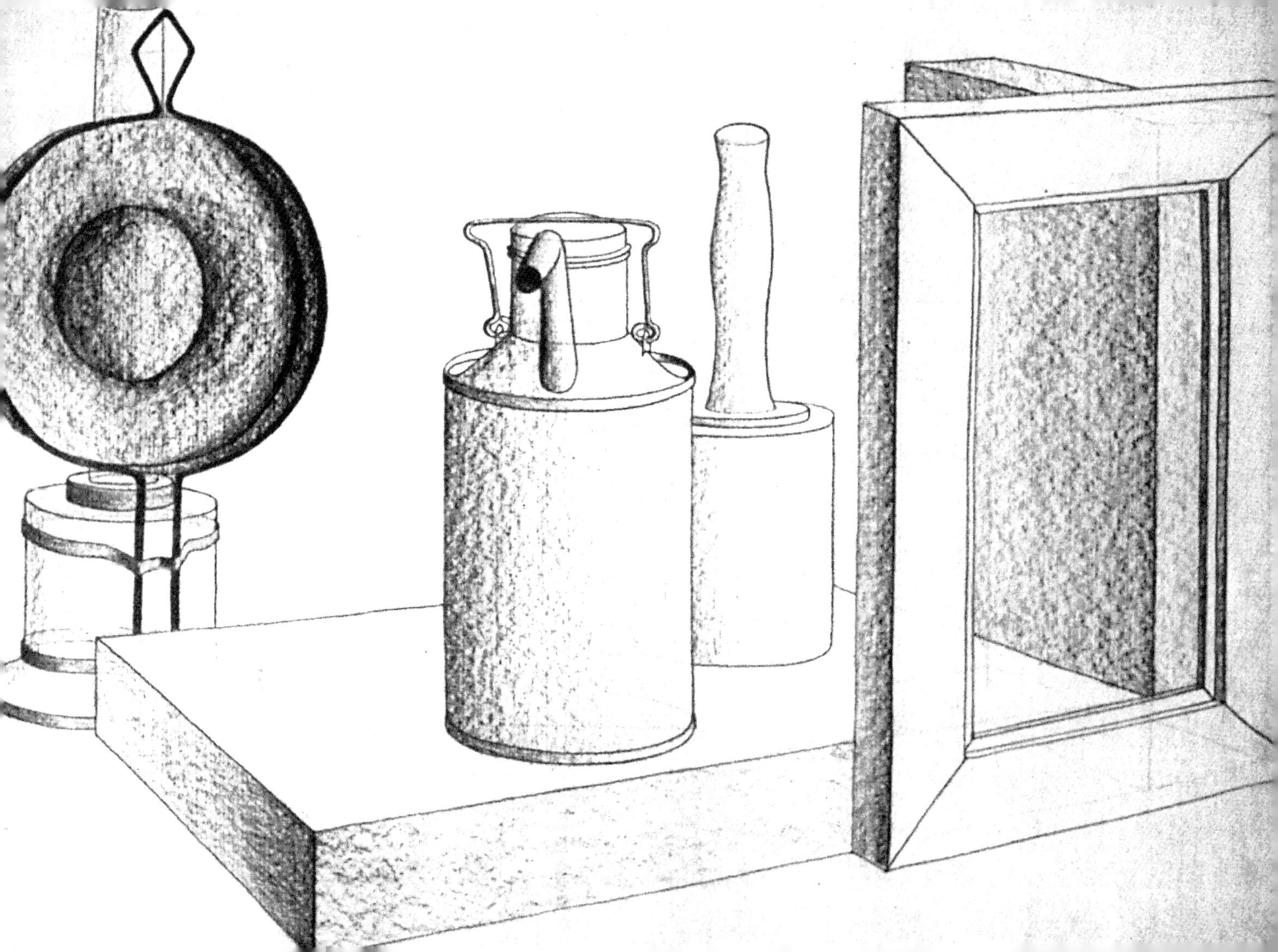

Aquarellieren
bei Professor Berke

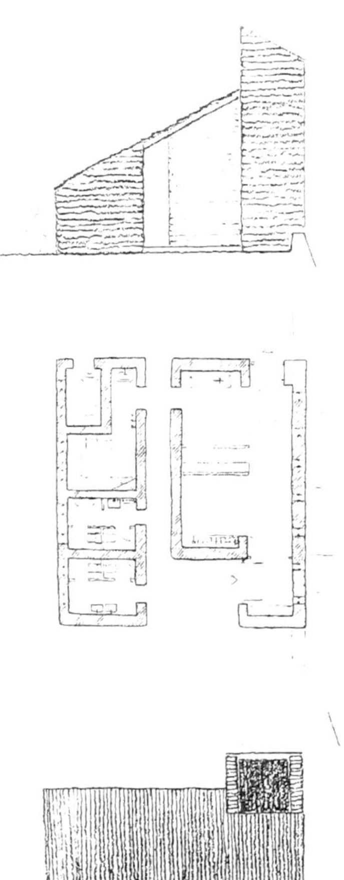

Im Grundstudium entwarf ich kleine Bauten in Holz, Stahl , Mauerwerk und Beton.

Friedhofskapelle
bei Professor Schachner
rechts:
Flußbeobachtungsstation,
bei Professor Kohl

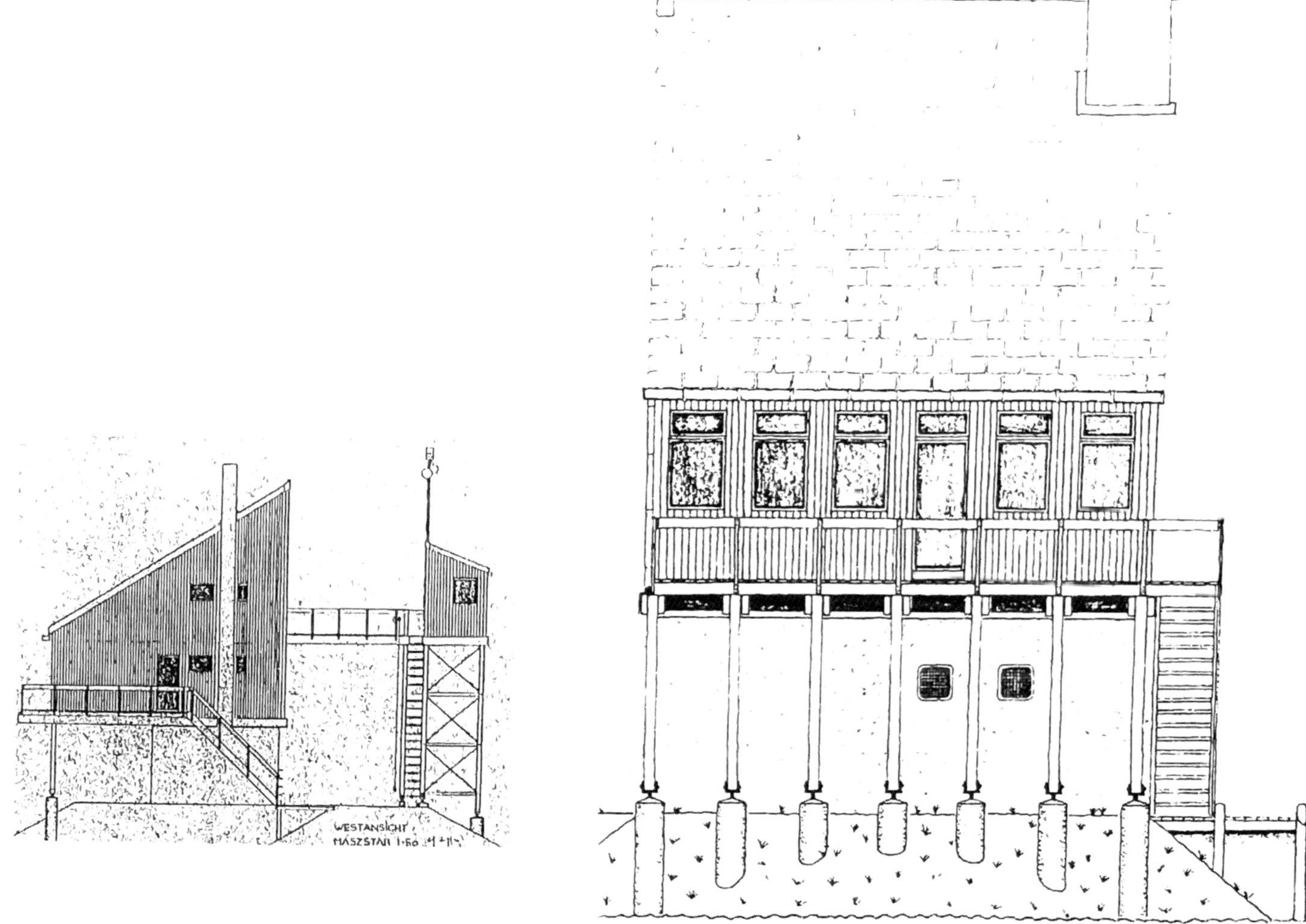
WESTANSICHT
MASZSTAB 1:50

Während des Studiums arbeitete ich bei Professor Kohl im Architekturbüro, das zum Teil in den Hochschulräumen untergebracht war.
Die Assistenten arbeiteten mit an den Projekten.
Bei dem Umbau eines Gartenpavillons zu einer Kinderkrippe durfte ich die Treppe zur Schlafempore entwerfen und den Werkplan dazu zeichnen.

links:
Treppe zur Schlafempore rechts:
Kinderkrippe, RWTH Aachen, 1969

Im Hauptstudium beschäftigte ich mich mit städtebaulichen Fragen und entwarf einen Freizeitpark im Ruhrgebiet, den Revierpark Wischlingen in Dortmund.
Mit diesen sogenannten Revierparks sollte die Freizeitsituation des Ruhrgebiets verbessert werden.
Beim Entwerfen kamen mir erste Zweifel an den formulierten Zielen dieser Parks. Deshalb verglich ich in meiner Diplomarbeit Ziele und Wirklichkeit des bereits realisierten Revierparks Gysenberg in Herne.
Ich kam zu dem Schluß, daß dieser vorwiegend am Wochenende besuchte Park dem hohen Anspruch vom „Raum der Freiheit im täglichen Einerlei der Zwangsabläufe" nicht gerecht wird. Die Revierparks sind lediglich Kompensation zur ungepflegten Wohnumgebung des Ruhrgebiets. Statt der Schaffung jahrmarktähnlicher Freizeitparks sollte erst das wohnungsnahe Umfeld für die alltägliche freie Zeit verbessert werden.

links: Zechensiedlung in Herne, 1973
rechts: Revierpark Gysenberg, 1973

links: Revierpark Gysenberg, 1973
rechts: Hinterhof in Herne, 1973

Gleich nach dem Studium wurde ich Assistent in der Hochschule. Ohne eigene Bauerfahrung sollte ich nun jungen Menschen beibringen, wie man Gebäude entwirft und baut.
Frustriert vom Lehrbetrieb, fing ich an, selber zu bauen.

Wieviel Raum braucht ein Mensch ?
Umbau eines Reihenhauses in Raeren/Ostbelgien

Sechs Jahre stand das Haus leer; es fand sich kein Käufer dafür, da es sehr klein ist (innen 2,90m x 7,50m, zweigeschossig mit Dachboden).
Für eine Familie reicht dies kaum, für eine Einzelperson ergibt sich ein aufwendiger Umbau, da Dachstuhl und Dachboden inzwischen durchfeuchtet waren. Außerdem gab es nur ein Plumpsklo außen und eine Wasserzapfstelle im Keller. Alle Umbauarbeiten wurden selbst ausgeführt. Außen blieb alles vollständig erhalten, außer dem Einbau von zwei gebrauchten Dachflächenfenstern. Der Dachstuhl wurde erneuert und mit den vorhandenen Pfannen (handgeformte S-Pfannen) neu eingedeckt. Anstelle des Dachbodens hängt nun eine Empore - zum Arbeiten und Schlafen - an der Firstpfette.
Die Elektro- und Sanitärinstallationen wurden erneuert, eine Klärgrube gebaut. Beheizt wird das Haus mit einem zentralen Kohleofen.
Der Umbau kostete den Preis eines Mittelklassewagens.

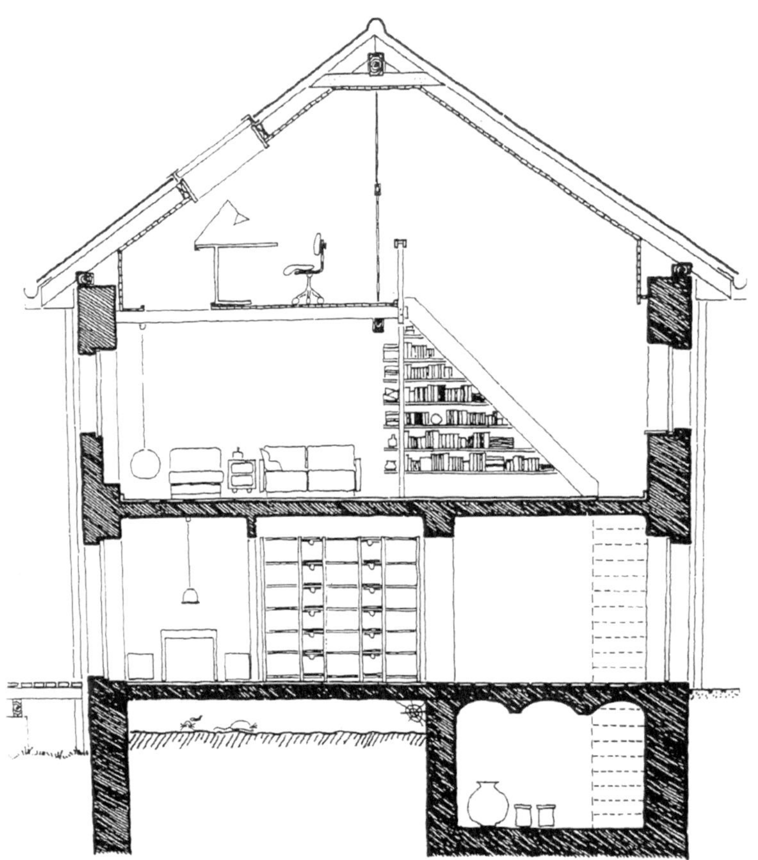

Schnitt

Dachstuhl

Wohnraum mit Empore

Treppe/Bücherregal

An dem Umbau hatte ich ein Jahr lang in meiner freien Zeit gearbeitet. Als das Haus fertig war, wollte ich reisen und mir die Welt anschauen.

Zwischen Moskau und Nachodka

Moskau - Novosibirsk
60 Stunden mit der Eisenbahn
... Fichten-, Birken- und Mischwälder, dann wieder Dörfer mit Holzhäusern, meist Blockbauten, unverkleidet oder mit Holzverschalung - alle dunkelgrau. Satteldächer, selten Walmdächer; Dacheindeckung mit Wellplatten, Zinkblech, Holz oder Dachpappe. Die reich verzierten Fensterwandungen fallen auf, sie sind bei jedem Haus andersfarbig gestrichen.
Typische Straßendörfer: Die Straßen meist geradlinig, unbefestigt, große Pfützen, ein oder zwei Lastwagen. Rechts und links der Straße die Blockhäuser, umgeben von Gemüsegärten. Jedes ist sorgfältig mit unterschiedlich hohen Latten eingezäunt; dahinter Gemüse und Sonnenblumen...viele Sonnenblumen, fast so hoch wie die Dachtraufen der eingeschossigen Bauten.

...Mitreisende. Auf dem Gang hinterm Klo ist Trinkertreff: Wodka, Bier „Moskowskoje". Mein Russisch reicht gerade, um nach Heimatort, Beruf und Verdienst zu fragen:
Junger Mann (18 Jahre) aus Omsk, Fabrikarbeiter, sein Lohn 150 Rubel/Monat.
Russische Familie aus dem Nebenabteil.
Er: Offizier in Tigda, arbeitet dort als Fahrer beim Eisenbahn-Projekt „BAM", verdient 400 Rubel/Monat.
Sie: verdient als „Maschinistka" (Schreibkraft) 200 Rubel. Mit ihren zwei Kindern haben sie ihren zweimonatigen Jahresurlaub in Leningrad, ihrer Heimatstadt verbracht, nun fahren sie zurück nach Ostsibirien, wo sie für fünf Jahre arbeiten: der Verdienst ist dort höher ! An- und Abreise verschlingen 14 Tage ihres Urlaubs.
Ihre Hauptwohnung (28qm) in Leningrad kostet 4 Rubel Monatsmiete. Ihr Wunsch: eine Eigentumswohnung in Leningrad.

....aus der Speisekarte:

- Salzhering: 0-17 (Rubel-Kopeken)
Körniger Kaviar: 1-22
Geräucherte Wurst: 0-18
Fleischsuppe mit sauren Gurken: 0-50
Fleischsoljanka: 0-63 (sehr gut !)
Fischfilet: 0-37
Rindsbraten mit Beilage: 0-55
Entenbraten mit Beilage: 0-80
Omelett mit Wurst: 0-41
Grießbrei: 0-15
Kompott aus Dörrobst: 0-15
Tee: 0-3 (= 0,10 DM !)
Kaffee: 0-6
Kaffee mit Milch: 0-10
Milchkakao: 0-13
Kastenkuchen „Stolitschny": 0-19
Champagner 0,8l: 5-57
Bier „Moskowskoje": 0-42
Zigaretten „Belomorkanal": 0-22
Zigarren: 0-60

Novosibirsk - Irkutsk: 34 Stunden

...Vor Krasnojarsk beginnt es hügeliger zu werden. „Handmade Houses" in Sibirien: Datschas ! Viele entlang des Transsib-Strecke, einige sind noch im Bau. Jede ist anders in Größe, Form, Dachausbildung und Farbanstrich; die unterschiedlichsten Fensteröffnungen. Ringsum Gemüsegärten und Lattenzäune.

Irkutsk - Chabarowsk: 69 Stunden

... Der Samowar funktioniert nicht ! Der ganze Wagen ist verqualmt. Ludmilla hackt Holz am Ende des Ganges, sie gibt nicht auf. Gegen Mittag bekommen wir unseren Tee. ...Fünf Stunden Fahrt am südlichen Ufer des Baikalsees, keine Boote, keine Touristenorte, vereinzelt Gehöfte, ab und zu Dörfer wie vorher. ...1-Tagesfahrt entlang der Schilka; das Flußtal schlängelt sich durch Hügelketten mit tundraähnlichem Pflanzenwuchs, Flechten, Bäume fehlen. Ab und zu Steingeröllhänge.

Chabarowsk - Nachodka:
16 Stunden

... Nachtfahrt entlang der chinesischen Grenze. Ein neuer Zug ist eingesetzt - mit modernen Waggons: vollklimatisiert, man kann die Fenster nicht öffnen. Es stinkt im Abteil.

auf den folgenden 6 Seiten:
Reiseeindrücke
aus der Transsibirischen Eisenbahn
von Moskau - Wladiwostok

Von Nachodka ging es mit dem Schiff weiter nach Tokio.

Stadt und Land in Japan:
Tokio und Shirakawa, 1976
4 Fotos:
Stadtlandschaft in Japan
4 Fotos:
Bauernhäuser in Shirakawa

トヨタ
レンタ・リース
ラーメン
山田屋
トヨタレンタリース東京
山田屋
レンタリース

中島ビル

Trailorsiedlung bei Jasper,
Britisch-Kolumbien 1977

72

59
E. LABARGE
JASPER ALBERTA

41
41
CASA LOMA

Fischerhäuser
bei Halifax und Peggy`s Cove,
Nova Scotia

Frank Lloyd Wrights erstes Haus und Studio in Chicago, 1976
Wrights erstes Haus, das er in Chicago (Oak Park) mit 22 Jahren zu bauen begann (Bauzeit 1889-95), steht seit einigen Jahren der Öffentlichkeit zur Besichtigung frei. Das Haus besteht aus dem zuerst errichteten Wohnhaus - Wright baut dies, als er noch bei Adler und Sullivan arbeitete - und dem späteren Bürotrakt mit der achteckigen Bibliothek, den er anfügte, als er sich selbständig gemacht hatte.

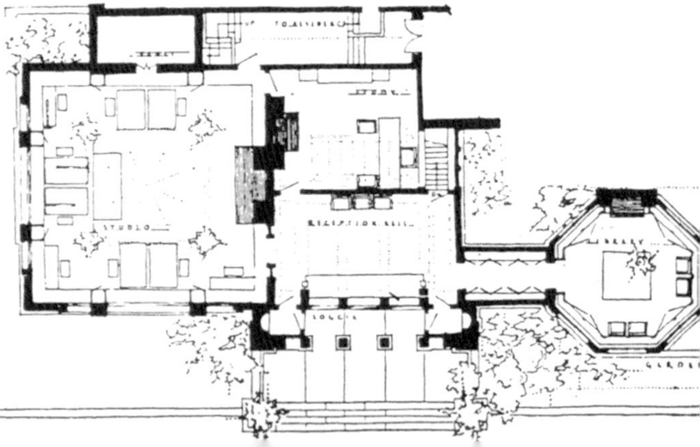

Es ist aus zweierlei Gründen sehenswert:
1. Das auf dem Eckgrundstück liegende Gebäude zeigt mit der Fassade des Wohnhauses zur Forest Avenue, daß Wright zunächst vom „Shingle Style" der 80er Jahre beeinflußt war. Im Laufe weniger Jahre löste er sich davon und entwickelte seine eigene Stilrichtung, wie sie im Bürotrakt und der Bibliothek (an der Chicago Avenue) deutlich wird. Trotz der Formenvielfalt wirken beide Vorderfassaden sehr streng.
2. Die Rückseiten von Wohnhaus und Büro sind zu späteren Zeiten - als Wright dort nicht mehr wohnte - verändert und ergänzt worden, um das Gebäude in mehrere Wohnungen mit jeweils separaten Zugängen zu unterteilen. Neue Baukörper und -teile aus den unterschiedlichsten Materialien wurden hier willkürlich aneinandergefügt. Ergebnis ist ein Formenchaos im Gegensatz zur Formenvielfalt der Vorderfassaden. Das zum „Wright Museum deklarierte Vorderhaus wird ergänzt durch ein Museum für Baufehler und -schäden am Hinterhaus. Ein Besuch lohnt sich!

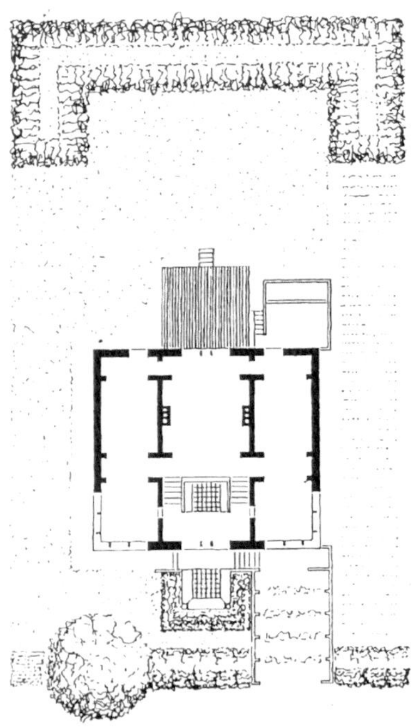

Zurück von der Weltreise und beeindruckt von Wrights erstem Haus in Chicago, wollte ich nun auch ein Haus entwerfen und bauen.

Selbstbau auf dem Land, 1978-80

Um als Architekt Planen und Bauen als Einheit zu erfahren, um zu einem vernünftigen Preis ein Haus zu bauen, um nicht durch Bauvorschriften eingeengt zu werden, entschloß ich mich, ein Haus auf dem Land in Belgien zu bauen.
Das Ergebnis ist - verglichen mit den dort üblichen Landvillen - andersartig in Grundrißstruktur, Baukörper und Ausführung:
- Der Grundriß ist geprägt durch einen Zentralraum, gefaßt von zwei Seitenflügeln; ein Flur entfällt.
- Der Baukörper ist charakterisiert durch das Dach, eine Kombination aus Satteldach und Pultdächern - zwei Dachformen, die bei älteren Häusern der Umgebung üblich sind.
- Die Ausführung ist an vielen Stellen unvollkommen, weil der Erbauer nur Architekt ist und die vielen zum Bau eines Hauses notwendigen Handwerke nicht beherrscht.

Neuere Villen dieser Gegend zeigen sich bei nahezu gleichen Grundrissen (Flurkonzept) mit unterschiedlichsten Fassaden; vertreten ist alles: vom Fachwerkhaus bis zur Ritterburg.
Die Erwartungen der umliegenden Bewohner an ein Architektenhaus, also an noch mehr Extravaganz und technische Perfektion wurden nicht erfüllt.

Poroton Preis 1982:
Das selbstgebaute Haus ist ein hervorragendes Beispiel für die Einfachheit im Bauen, jedoch auch mit hohen räumlichen und gestalterischen Qualitäten. Trotz der formalen Einmaligkeit dieses Hauses besitzt es Modellcharakter: es weist einen Weg zu einem Wohnungsbau, der ohne Extravaganzen in Material und Detail auskommt.

Prix international d'Architecture:
Le jury a apprecie l'absence de specialisation des espaces qui permet aux habitants de les amenager selon leur volonte et souligne la conception formelle remarquable de cette construction ainsi que son integration au site.

Haus in Raeren, 1980
Westseite

Diele, Zentralraum im Rohbau, 1979

Ostseite des Rohbaus, 1979

Zentralraum

Arbeitsraum im Nordwesten

Volker Fischer
in: Bauen heute, Architektur der Gegenwart in der Bundesrepublik Deutschland, Katalog zur Ausstellung im Deutschen Architekturmuseum, 1985

Kapitel: Postmoderne im Alltag

"Es gibt in der Bundesrepublik eine Reihe von Architekten, die Erkenntnisse und Entwurfsmethoden der europäischen und amerikanischen Postmoderne auf eine eher unauffällige, fast konventionelle Weise übernommen haben. Auch hier bewahrheitet sich Wolfgang Pehnts These, daß die "Postmoderne aus den Hochglanzseiten der Baujournale in den Alltag übertritt, ein bißchen verdünnt, mit deutlichen Einbußen an Witz und Aufwand, aber dafür nachprüfbar an der Normalität.

...Dabei ist Schultens Haus anders zu beurteilen als die fünf anderen Beispiele, da es in Billigst-Bauweise errichtet wurde.
Christoph Schulten, ein noch junger deutscher Architekt, hat sein eigenes Haus 1978-80, damit, wie er sagt, es nicht zu teuer wird, in Ostbelgien gebaut, mit einem hohen Anteil an Selbsthilfe - für ganze 150.000 DM. Auf den ersten Blick nicht sehr viel anders als die normalen, eher kleinbürgerlichen geschmacksstabilen Satteldach-Reihenhäuser der Baugesellschaften, ist auch das Ausstattungsniveau der Materialien eher gewöhnlich, dem breiten Durchschnitt entsprechend.
Aber innerhalb dieses Feldes der Gewöhnlichkeit ist es ein ungewöhnliches Haus. Sowohl die Fassaden wie die verschobene Volumenanordnung stehen in scharfem, fast ironischen Gegensatz zum Grundriß. Dieser ist in mönchischer Strenge dreischiffig, den zentralen Mittelschiffsraum betritt man von einem tiefer gelegenen Dielenvorraum über eine klappsymmetrische, miniaturisierte Freitreppenanlage, die ihre Entsprechung im Vorgarten findet. Quer zu den drei Gebäudeteilen liegen Gelenkwege, angedeutet durch querstehende Wandsegmente, die für Wände zu kurz und für Pfeiler zu breit sind. Im Zentralraum stehen sich in den Achsen des Freitreppchens zwei Kamine gegenüber. Über diesem strengen Cella-Grundriss in ähnlicher Weise palladianisch geformt wie die Grundrisse fast aller Häuser von Bienefeld - erhebt sich der flache Gebäudequader, dessen Fassaden ebenfalls aus collagierten Teilen zusammengesetzt sind. So gibt es Fensterbänder a la Frank Lloyd Wright, Fenster-Maßstabssprunge a la Venturi, Glaseinschnitte in die Fassaden a la Mies. Beherrschend aber sind die Dachformen: sie machen das Haus vollends zu einem Stück Pop-Architektur im Gefolge von Robert Venturi. Wie bei dessen Haus für seine Mutter sind zwei Volumen rechtwinklig ineinandergeschoben; ein mittlerer Baukörper mit normalem Satteldach bildet das Zentrum, an dessen beiden Stirnfassaden weit heruntergezogene Pultdächer ein erneutes querliegendes Flachhaus ergeben. Vor allem die Ansichten, aber auch die Materialwahl im Inneren und Äußeren und Details wie etwa die Doppelschornsteine lassen an Präkonzeptionen wie etwa Venturis Präriehäuser und manche von Robert A. M. Sterns Schindelhäusern denken.

Als mein erstes selbstgebautes Haus fertig war und publiziert wurde, kamen die ersten Bauherren und frauen, die auch selber bauen wollten und natürlich wenig Geld hatten.

Architekturbüro
in einem Aachener Hinterhof
1983-90

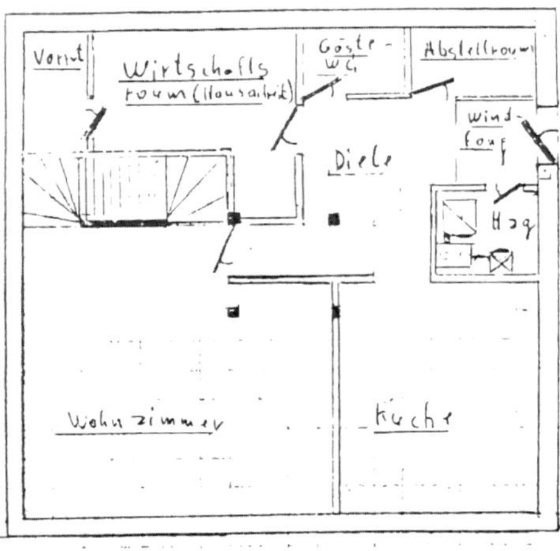

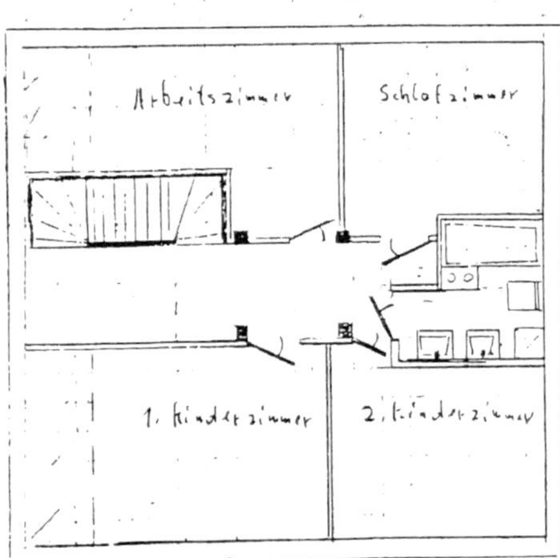

Mein erster Bauauftrag
Die Heckmanns kamen mit selbst ausgearbeitetem Plan. Den Wunsch nach einem Holzhaus deuteten sie mit vier Stützen in der Mitte ihres Erd- und Obergeschosses an.
Ich überarbeitete ihre Pläne, indem ich Funktion, Gestalt und Konstruktion aufeinander abstimmte, jedoch unter Beibehaltung ihrer Raumvorstellungen:
Innerhalb der vier Mittelstützen führt nun die Treppe zum Dachgeschoß und wird durch ein Glasdach natürlich belichtet.
Das Holzskelett, eine Stützen/Riegelkonstruktion wurde im Außenwandbereich mit Gasbeton ausgefacht, außen zusätzlich gedämmt und mit einer hinterlüfteten, sägerauhen Boden-Deckel-Schalung aus unbehandelter Douglasie versehen.
Rechtzeitig im Spätsommer wurde von Handwerkern die Bodenplatte betoniert, das Holzskelett errichtet, und das Dach eingedeckt. Die Eigenleistung begann mit der Außenverschalung. Im Winter erfolgte dann der Ausbau unter der wetterschützenden Außenhülle.

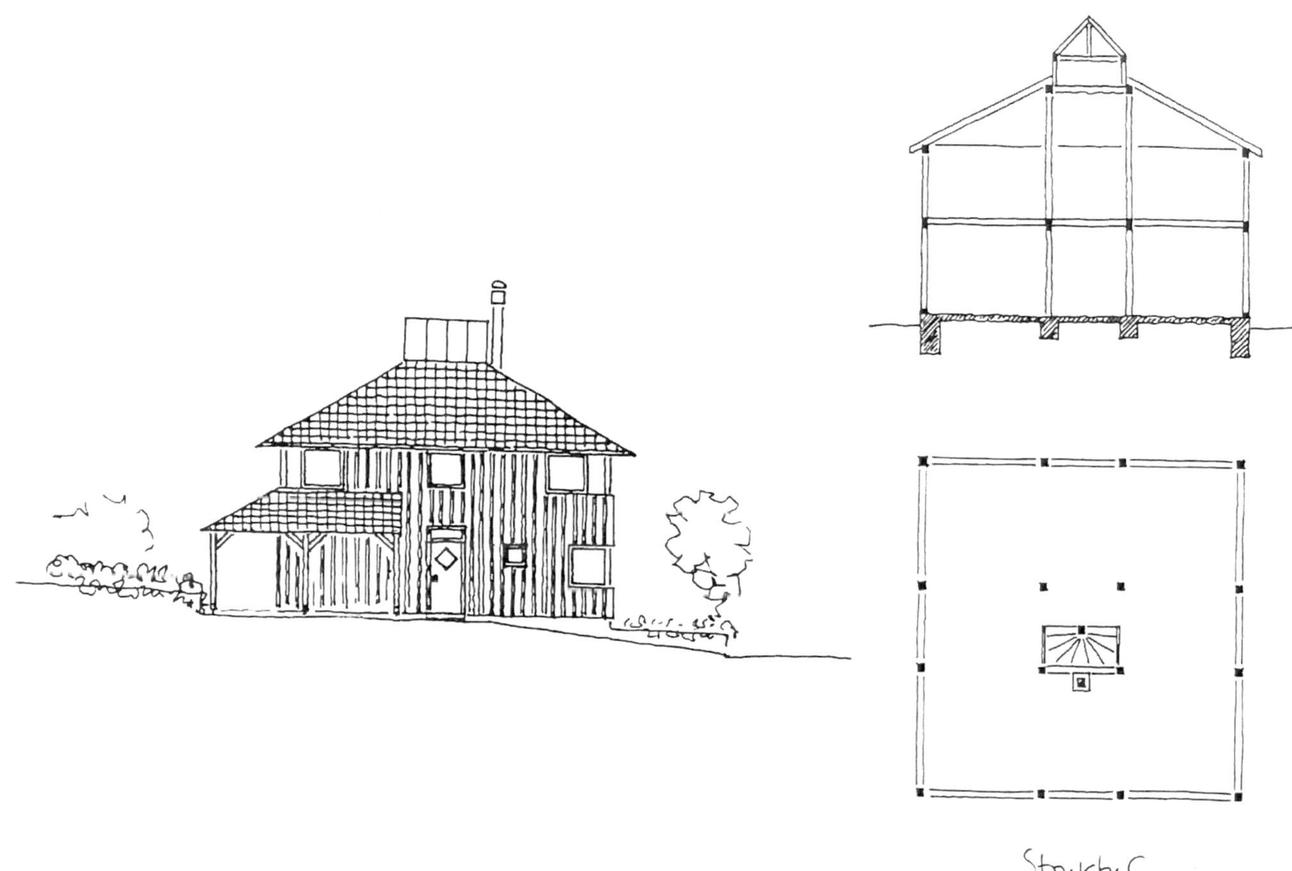

Struktur
Haus Heckmann
1984

Holzskelett

Diele, Treppe, Wohnraum

Haus Heckmanns

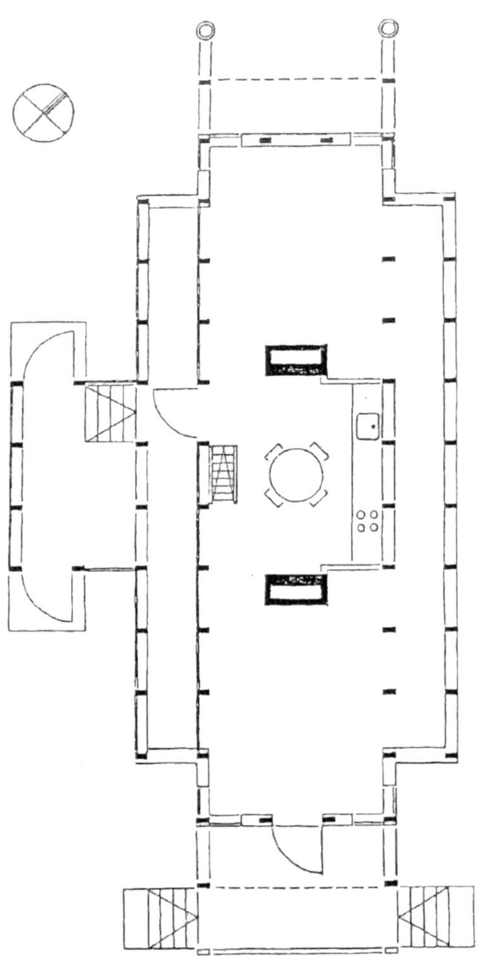

Selbstbauhaus
auf schmalem Grundstück, Raeren
1984-85

Die Ideen für den Entwurf dieses Hauses kamen mir während eines Kanada-Aufenthaltes.

Die Konstruktion ist eine Mischung aus der nordamerikanischen Holzrahmenbauweise:

- die Verwendung einheitlicher Bohlenquerschnitte für alle Tragwerksteile, nur Nagelverbindungen und zweigeschoßhoher Stützen wie in der "balloon frame construction"

und der europäischen Bauweise:

- Binderkonstruktion, Stützen-Zangen
- Konstruktion, Zug- und Druckstreben als Diagonalaussteifung.

Die zwei parallelen Grundmauern bilden die Auflager für die Holzbinderkonstruktion. Alle Binder sind gleich, zweigeschoßhoch; sie sind Dach-, Wand- und Deckenkonstruktion zugleich. Die Binder werden auf dem Grundstück zusammengenagelt, dann alle 1,25 m auf die Grundmauern gestellt, ausgesteift und mit Dacheindeckung und Außenwandverschalung versehen. Das Holzhaus wurde wegen zu geringer Grenzabstände nicht genehmigt.

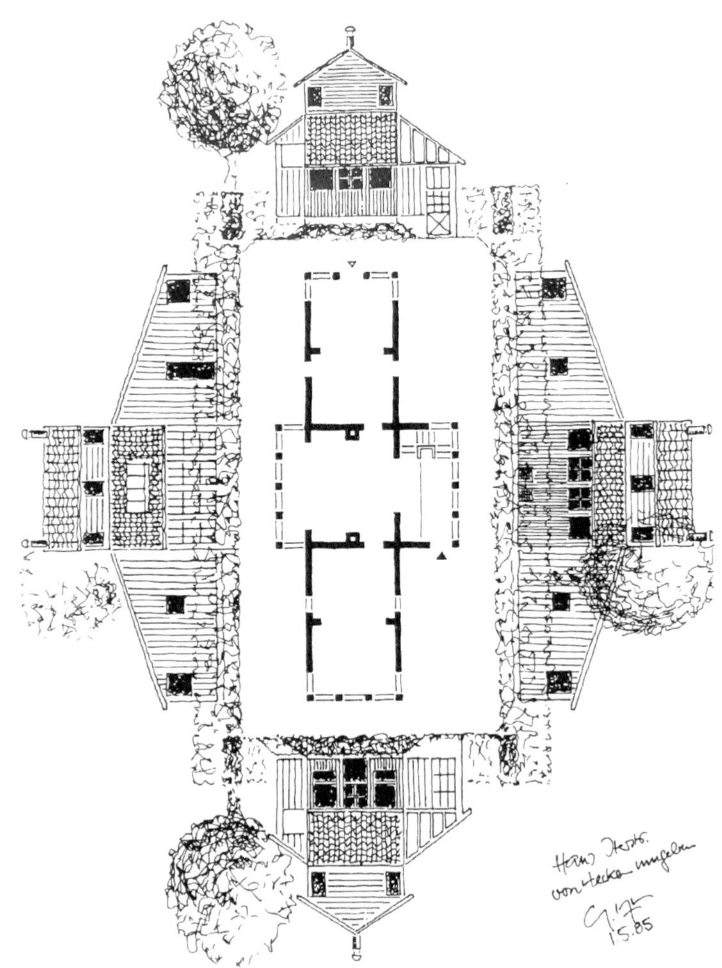

Ich habe das Haus deshalb als Mauerwerksbau ausgeführt, und zwar in zwei Abschnitten:
Zunächst entstand der Kern des Hauses mit einem Kellerraum, dem Wintergarten (Eingang), der Wohnküche im erhöhten Erdgeschoß und dem Schlafraum plus Bad unterm Dach.
Dieses Kernhaus oder "Starterhaus" wurde ein Jahr später durch zwei Anbauten im Osten und Westen mit je einem schmalen, langen Raum erweitert.

links:
Zeichnung des überarbeiteten Hauskonzepts als Mauerwerksbau
rechts:
Kernhaus oder Starterhaus

links:
Küche

rechts:
Treppe im Wintergarten

links :
Ostseite

rechts:
Süd- und Westseite

Wohnhaus mit Hebammenpraxis in Roetgen-Rott, 1990

Das Grundstück an einem Nordhang ist 18 m breit und 80 m lang, Auf der Südseite ist die Straße, auf der Nordseite der Garten.
Das abgetreppte Pultdach des Baukörpers steigt zur Gartenseite mit fallendem Gelände an, so daß das Haus zur Straße eingeschossig, zum Garten dreigeschossig wird - wegen der schönen Aussicht talwärts.

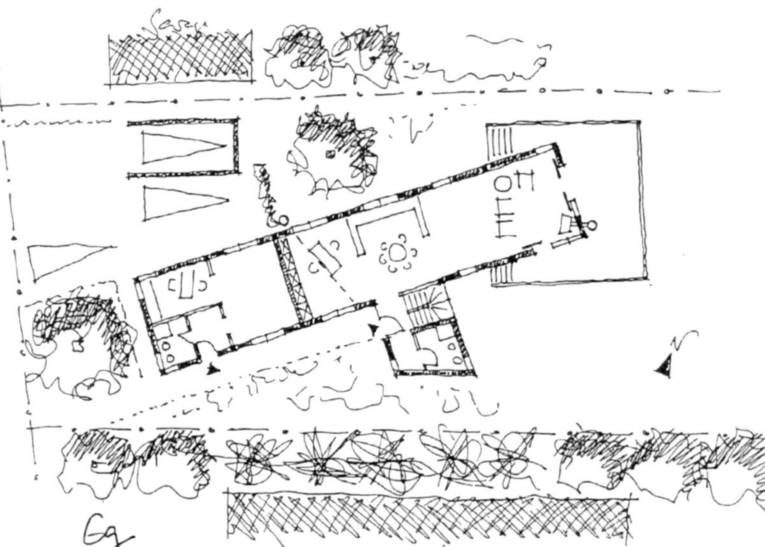

Vorentwurfskizze

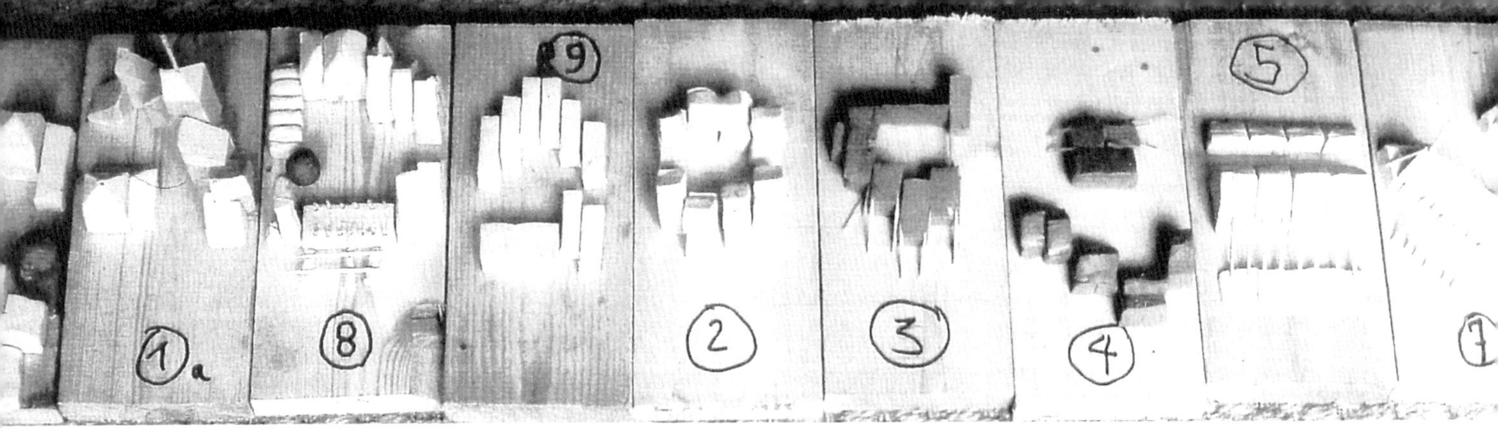

Gemeinsam
Planen, Bauen und Wohnen
Haus-Heyden-Hof
in Herzogenrath-Kohlscheid
1983-85

Im September 1983 kam eine Gruppe von 8 Familien zu mir, die gemeinsam planen, bauen und wohnen wollte.
Sie hatte ein Grundstück in Erbpacht erworben und bei der Stadt Herzogenrath die Änderung des Bebauungsplans durchgesetzt; Statt einer Reihenhauszeile war nun die Bebauung eines Wohnhofes auf einer nahezu quadratischen Grundfläche (40x42m) möglich.

Wir bauten zunächst gemeinsam 8 verschiedene, kleine Plastilinmodelle der gesamten Wohnanlage, diskutierten sie und entschieden uns für eine Hofanlage mit einem Gemeinschaftshaus: Die Wohnhäuser sind auf der Südseite versetzt zueinander angeordnet und bilden mit dem Gemeinschaftshaus im Norden einen Hof. Alle Häuser haben so eine Orientierung nach Norden und Osten zum Eingangshof und nach Süden und Westen zu den Privatgärten.
Das Gemeinschaftshaus wurde zuerst gebaut und diente während der Bauzeit als Materiallager, Pausenraum, Baubüro und Übergangsunterkunft.

Den Roh- und Ausbau haben die Familien weitgehend selbst organisiert und daran mitgearbeitet.

Das gemeinsame Entwerfen mit den Familien war sehr aufwendig.
Meine Erfahrung:
Bauherren können Vorschläge
- zur Funktion
- oder zur Gestalt
- oder zum Material machen.
Sie sind aber nicht in der Lage, die Funktion, Gestalt und Konstruktion in ihren Wechselbeziehungen zu sehen und mit diesem Wissen ein Bauwerk zu entwerfen.
Dies erfordert die ständige Praxis im Entwerfen und bleibt Aufgabe des Architekten.

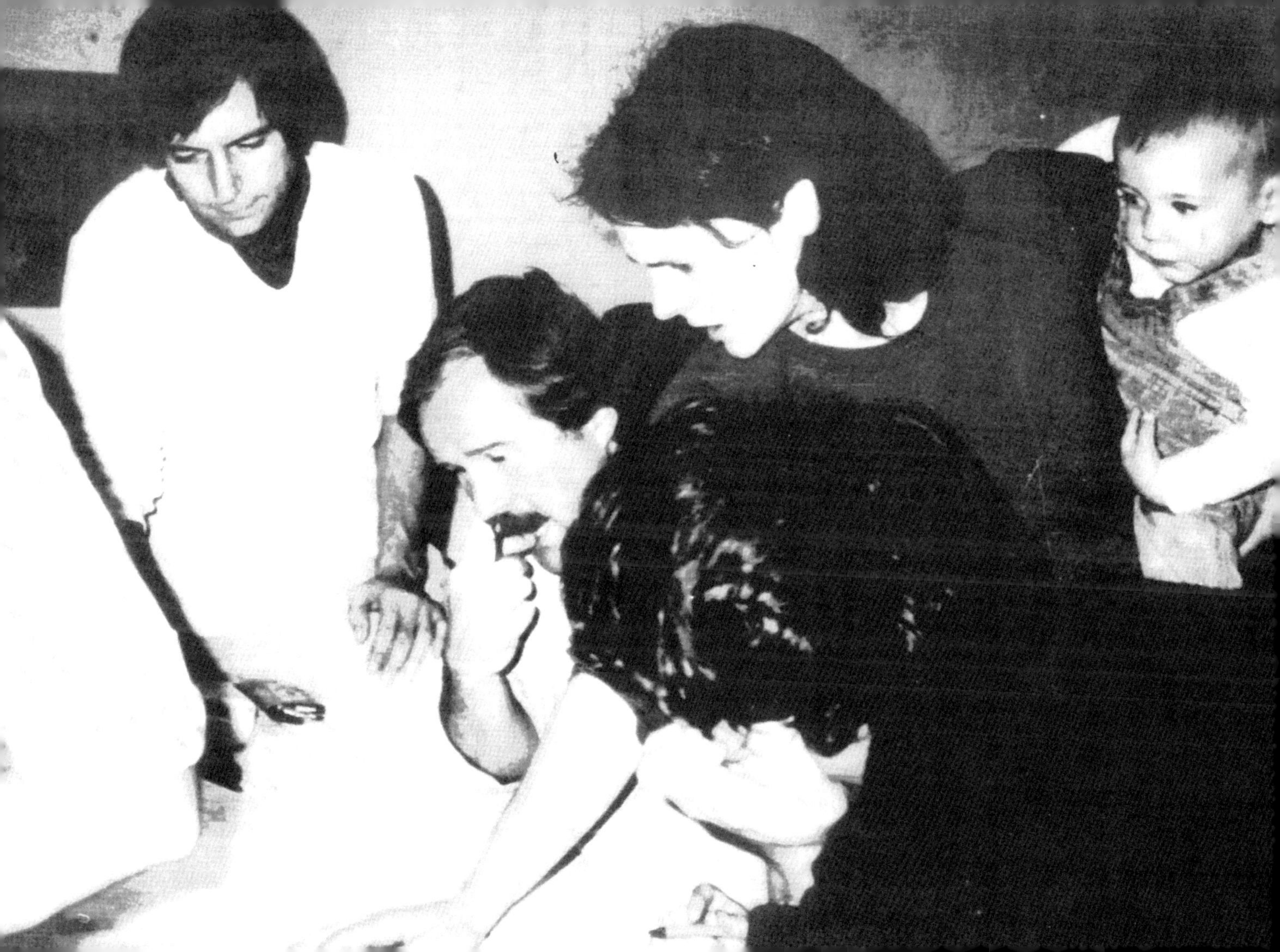

gemeinsame Entwurfskorrekturen

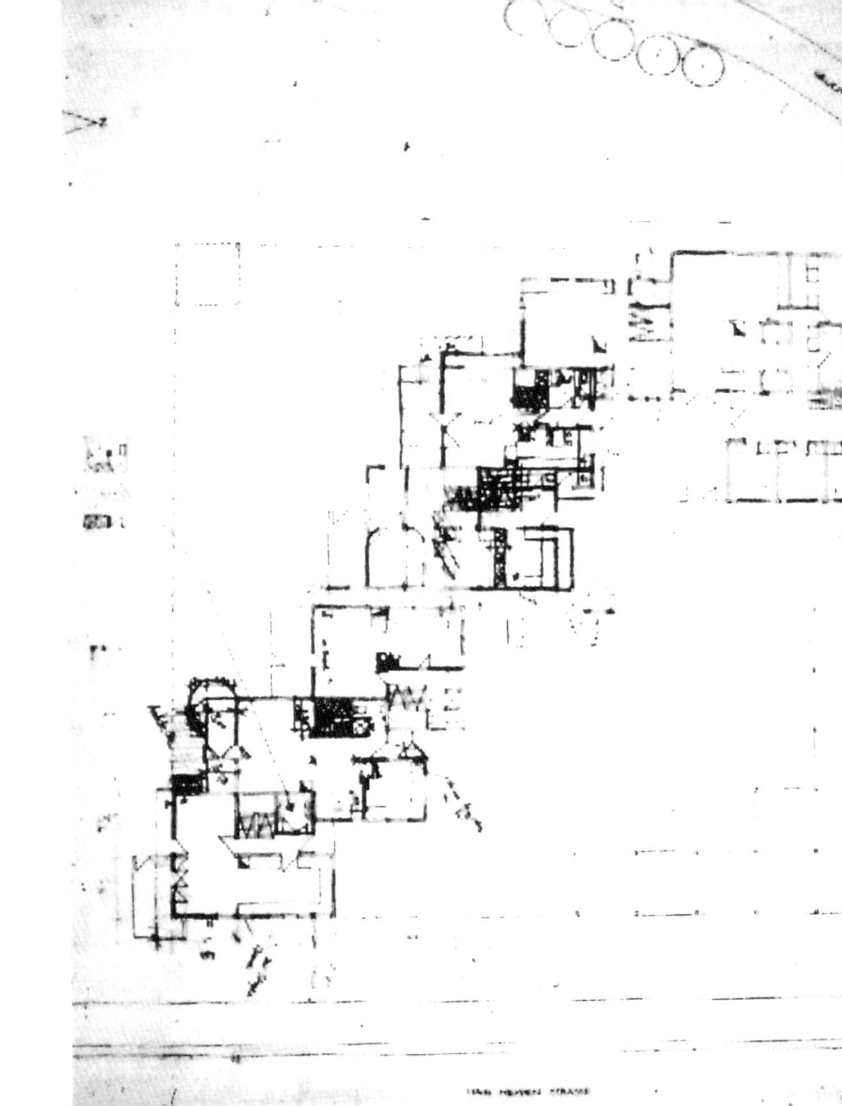

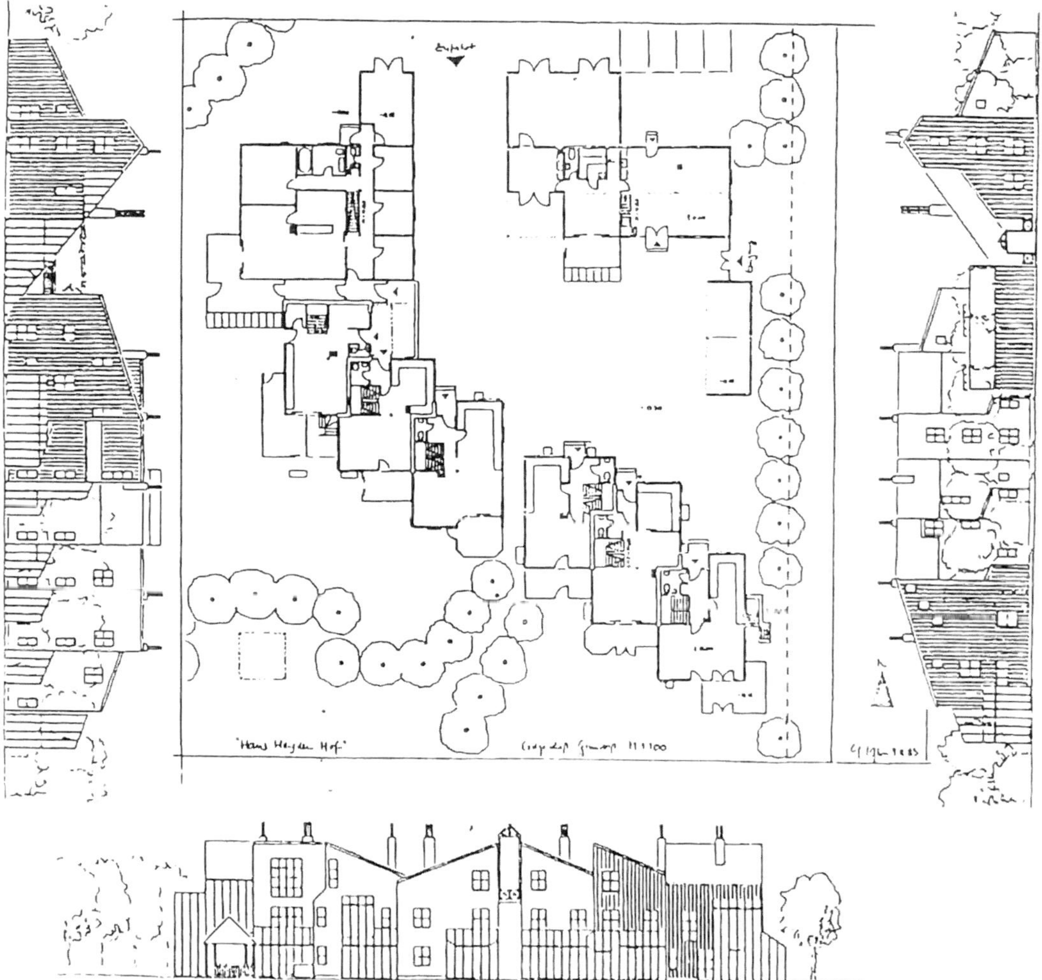

zehn Jahre später ...
Haus-Heyden-Hof 1995

DEUBAU-Preis 1985, Essen für vorbildliches Bauen in Selbsthilfe

"Christoph Schulten erhält den Preis für seine Arbeiten unter dem Thema "Entwerfen, selber bauen und anleiten zum Bauen in Selbsthilfe" Seine Objekte - im Stadtrandbereich von Aachen - sind Beispiele dafür, daß Bauen in Selbsthilfe zu Preisen, die neuen Bauherren-Schichten das Bauen ermöglichen, dennoch von deutlicher architektonischer Qualität geprägt sein kann.
In der preisgekrönten Arbeit vereinen sich mehrere zeittypische Tendenzen auf eindrucksvolle Weise. Sie schlagen sich in einfachen und disziplinierten Hausentwürfen nieder. Die Jury hob besonders hervor, daß sich in den Arbeiten von Christoph Schulten wichtige Bestrebungen spiegeln, die die Situation des Bauens in unserer Zeit bestimmen: Von der bedeutsamen Einordnung neuer Elemente in überkommenen Baubestand über die ökologisch sinnvolle Disposition neuer Bauvorhaben bis zur Einbeziehung von Gruppen künftiger Bewohner in Entwurf und Ausbau ihrer Häuser."

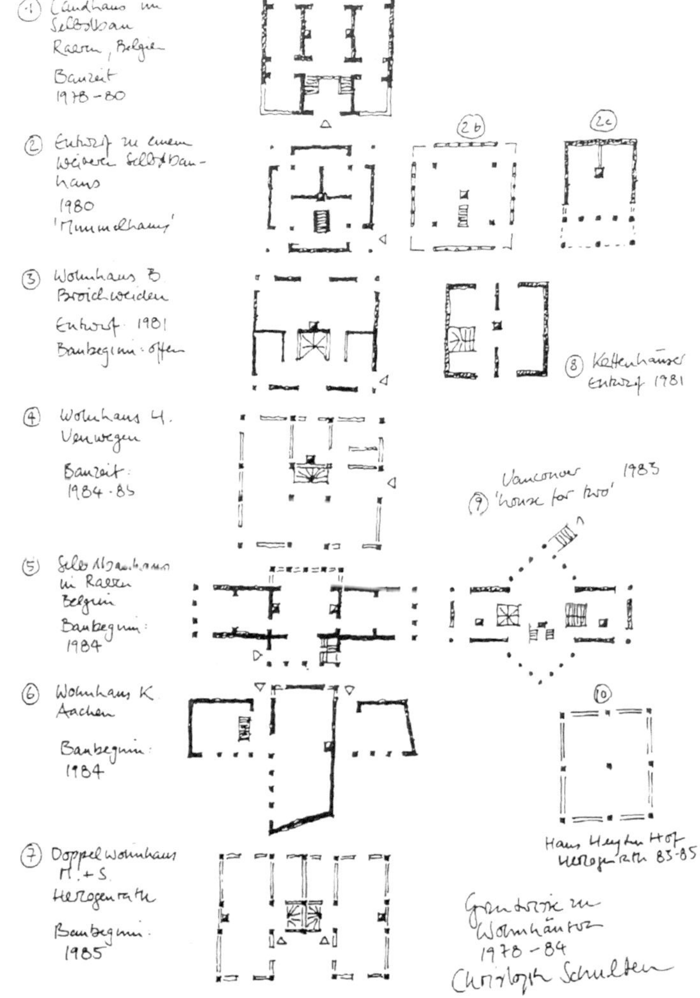

① Landhaus im Selbstbau Raeren, Belgien
Bauzeit 1978–80
② Entwurf zu einem weiteren Selbstbau-haus
1980
'Mummelhaus'
2b
2c
③ Wohnhaus B Broichweiden
Entwurf 1981
Baubeginn: offen
⑧ Kettenhäuser Entwurf 1981
④ Wohnhaus 4. Venwegen
Bauzeit: 1984–85
Vancouver 1983
⑨ 'house for two'
⑤ Selbstbauhaus in Raeren Belgien
Baubeginn: 1984
⑥ Wohnhaus K Aachen
Baubeginn: 1984
⑩
Haus Heyden Hof Herzogenrath 83–85
⑦ Doppelwohnhaus H. + S. Herzogenrath
Baubeginn: 1985
Grundrisse zu Wohnhäusern 1978–84
Christoph Schulten

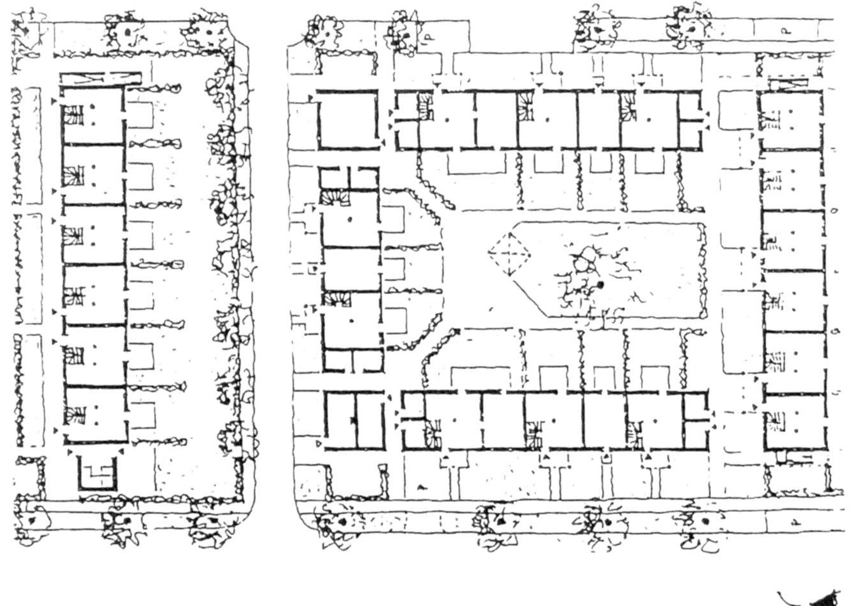

Genossenschaftssiedlung Birkmahd
Bad Wörishofen-Gartenstadt, 1989

Hier entwarf ich eine Siedlung mit 30 Sozialwohnungen, ohne die zukünftigen Nutzer zu kennen. Deshalb sind die Grundrisse offen gehalten. Die rasterförmige Struktur der Gartenstadt spiegelt sich in der strengen Anordnung der neuen Wohnanlage: der dreigeschossigen Nordzeile mit Aussichts- und Treppenturm, dem Hof mit Gemeinschaftsräumen und -flächen und der niedrigen Südzeile. Sattel-,Pult- und Zeltdächer wechseln sich ab - als Kontrast zu dem umgebenden Siedlungsbrei der zweigeschossigen Satteldachhäuser. Ursprünglich wurden die Wohnhäuser als Holzbauten geplant, jedoch aus Kostengründen in Massivbauweise ausgeführt.

links: Grundrisstruktur
unten: 1. Entwurf als Holzsiedlung
rechts: Baustelle im Winter 1990

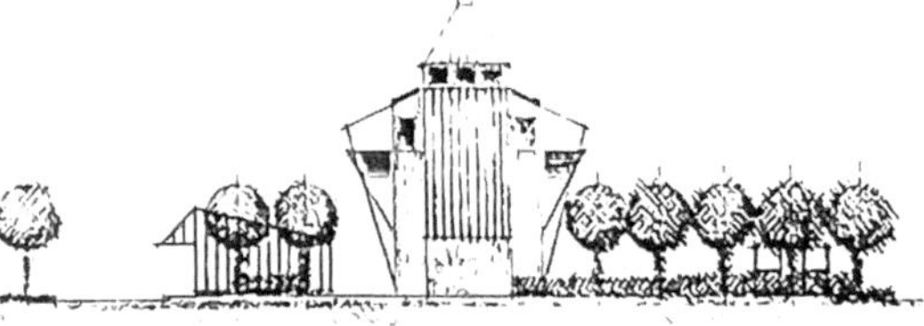

Nordzeile mit Laubengang/Balkon

links: Hofhäuser
rechts: Südzeile

„Stadthaus neben Bunker“

Wohnen und Arbeiten in der Stadt Aachen, 1990

Zwei Jahre dauerte der Kampf um die Genehmigung des Wohnhauses auf einem Restgrundstück neben einem Bunker in Aachen. Das Planungsamt wollte nur ein - ähnlich der Nachbarbebauung - gleichgroßes Haus genehmigen, um das Straßenbild zu wahren. Dies jedoch hatte Abstandsflächen zur Folge,so daß Abfindungen und Befreiungen von sich überlagernden Abstandsflächen erforderlich wurden. Der seitliche Nachbar (Bunker) ist die Bundesrepublik Deutschland, vertreten durch das Bundesfinanzministerium, dieses vertreten durch das Bundesvermögensamt Aachen, dieses vertreten durch den Leiter Herrn X, dieser vertreten durch die Sachbearbeiterin Frau Y; diese verweist auf den Mitarbeiter Herrn Z. Z. arbeitet nur halbtags...ist selten zu erreichen..,wagt keine Entscheidungen. Eine hohe Abfindungssumme führt schließlich zur Einwilligung des Nachbarn, der Bundesrepublik Deutschland, die eigentlich die Nutzung solcher Restflächen fördern sollte.

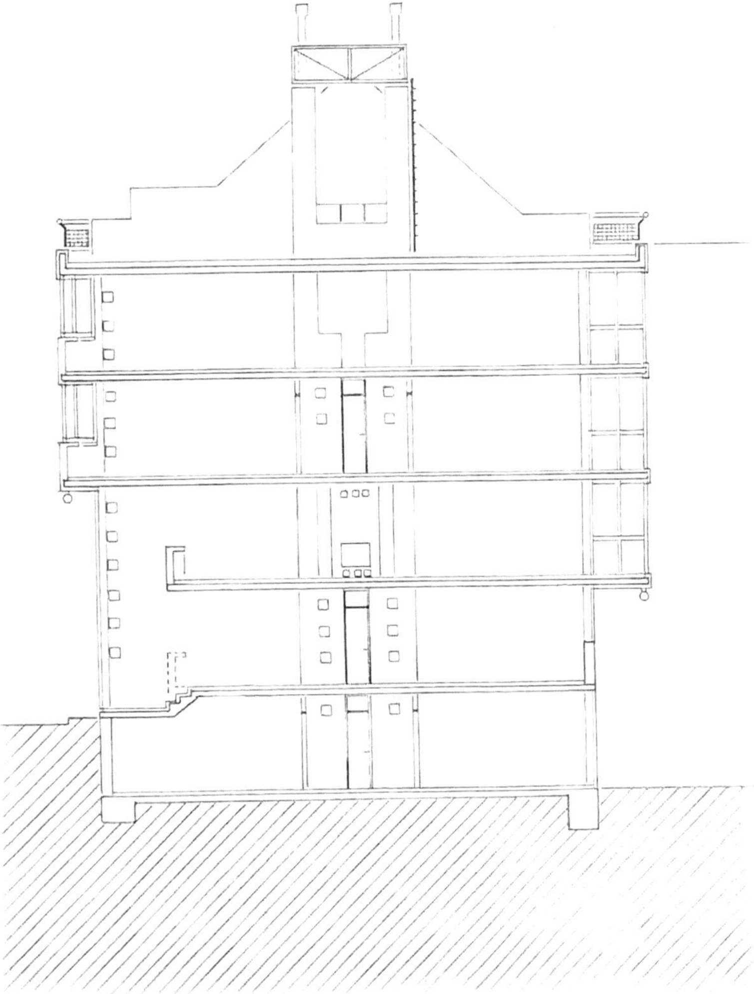

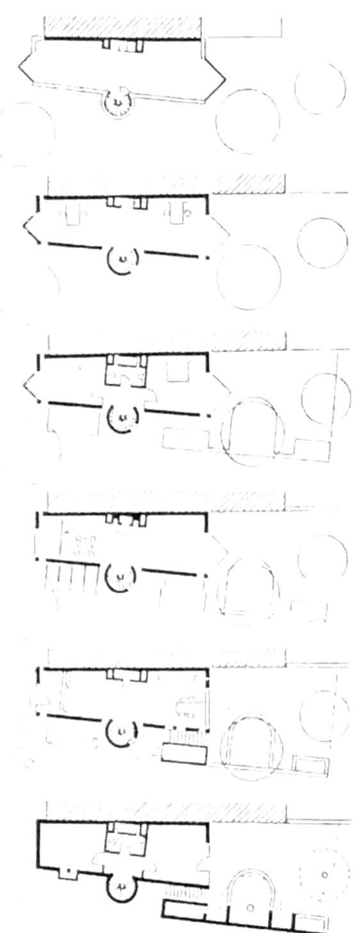

RUTSCHERSTR
FORSTERSTR

Rudolf Lodders Preis 1991
"Unbebaubar - Bebaubar
Unbaubar - Baubar ?"
1. Preis

"Die dokumentierte Baurechtsauseinandersetzung zeigt, daß es sich um einen echten Beitrag zur Themenstellung handelt. Diese und das extrem schmale Grundstück erschwerten die gewünschte Nutzung - vor einer schieren Brandwand und in Nachbarschaft zu einem ehemaligen Bunker. In dieser Lösung ist durch eine klare Entwurfskonzeption und unter Ausnutzung der Topographie ein bemerkenswertes Haus entstanden. Besonders sind die Erschließung (Zugang und Treppenhaus getrennt), die Raumabfolge in der Vertikalen und die differenzierte Behandlung von Erdgeschoß und 1. Obergeschoß herauszuheben. Die Aufnahme der bewegten Straßenfront in der Fassade (Vorsprung und Erker) spielt das gegebene Thema im Straßenbild weiter."

Bauen auf kleinen Grundstücken
1990 , 1.Preis

"Das fünfstöckige Stadthaus ist ein gutes Beispiel, wie sich schwierige, kleine Grundstücke in dicht bebauten Stadtvierteln geschickt nutzen lassen, - dabei die Bebauung aufwertet und Akzente setzt.
Der Neubau wurde an die Brandmauer einer Stadthauszeile gekoppelt, die Ende des 19. Jahrhunderts gebaut worden war. Unmittelbar daneben befindet sich ein alter Bunker.
Der sensible, elegante Entwurf nimmt Charakteristika der alten Bebauung auf und schließt sie mit neuen Mitteln. Das Gebäude ist diszipliniert gestaltet. Attraktive Freiflächen wurden geschaffen.
Das trapezförmige Grundstück von 170 qm ist optimal genutzt.
Der Grundriß zeichnet sich durch Klarheit und hohen Wohnwert aus.
In der Mitte der Hauptfassade ist ein Treppenturm angeordnet. Er ermöglicht geringste Verkehrsfläche, gliedert die Fassade und schafft Beziehungen zum städtebaulichen Kontext."

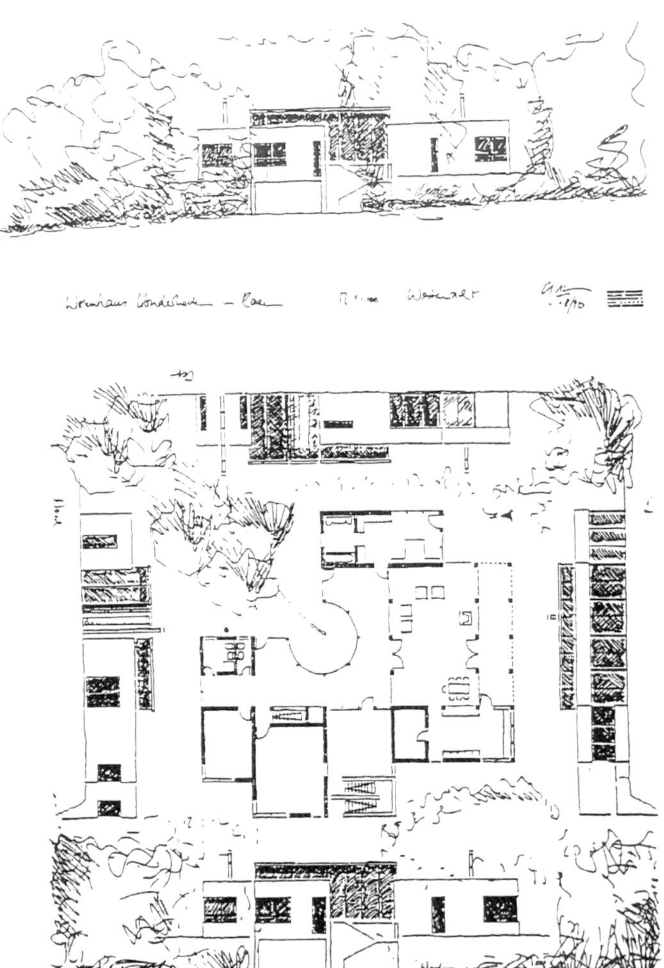

Haus Vonderhecken in
(B) Raeren, 1991

Der Bauherr sah das Aachener Stadthaus. Ihm gefiel die sachliche Bauform. Deshalb beauftragte er mich mit dem Entwurf seines Hauses auf einem sehr großen, parkähnlichen Grundstück. Da er mit Natursteinen handelt, sollte das Haus auch als Ausstellung dienen. Zentrum ist die hoch verglaste Eingangshalle, die einen gepflasterten Innenhof umschließt. Von der Halle aus sind alle Wohn- und Schlafräume zugänglich, und man hat Durchblicke in den Park mit seinen Steingärten.

Vorentwurfsskizzen

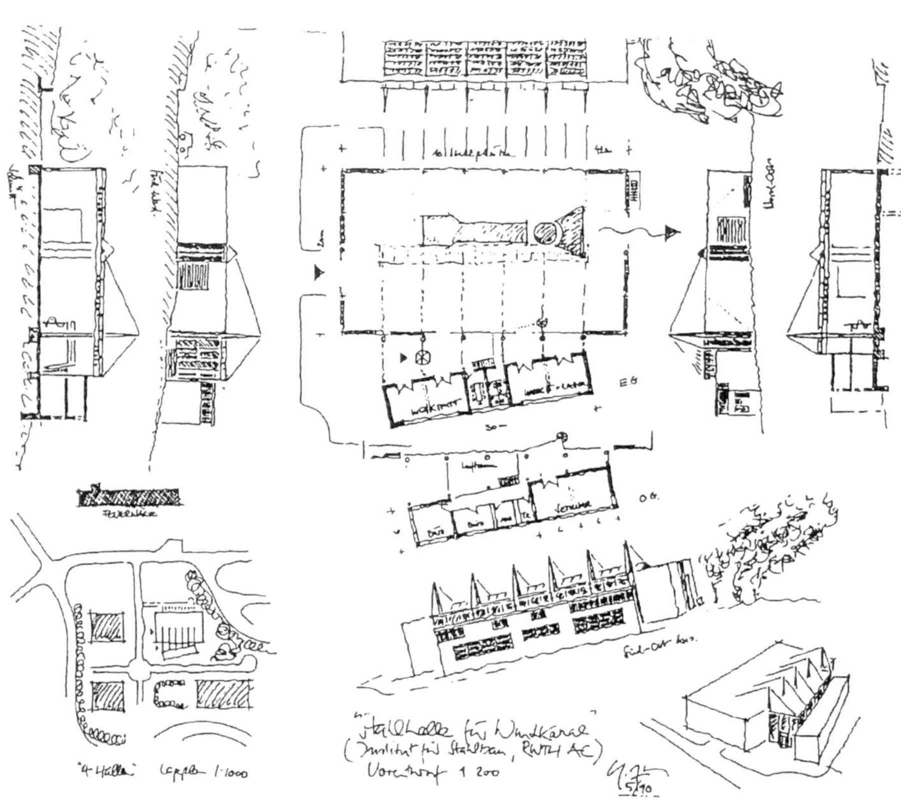

Halle für einen Windkanal
RWTH Aachen, Institut für Stahlbau
1994

Windkanalversuche, deren Vorbereitung, Durch- und Vorführung, Auswertung und Diskussion sind die Aufgaben in der neuen Versuchshalle. Der Windkanal ist in der 24 x 48m großen und 7m hohen Stahlhalle, die Büros, Werkstätten und Nebenräume sind in dem massiven Anbau untergebracht, Das Foyer in dem Winkel zwischen Halle und Anbau öffnet sich dem Besucher. Von hier gelangt er auf die Galerie zum Beobachten der Versuche, zum Seminarraum und in die Büros.
Die Baukörper von Halle/Foyer und Anbau sind entsprechend dem Geländeverlauf abgetreppt, mit dem Effekt der längsseitigen Belichtung des Foyers.
Um das Raumprofil, das beheizbare Volumen und die Hauptbinder auf ein Minimum zu reduzieren, werden letztere in der Ebene der Kranbahn durch Zugseile unterstützt. Diese Zugseile werden über die Pylone in den Fundamenten des Massivbaus rückverankert. Somit wird das Eigengewicht des Massivtrakts genutzt, um das Hallendach zu tragen.

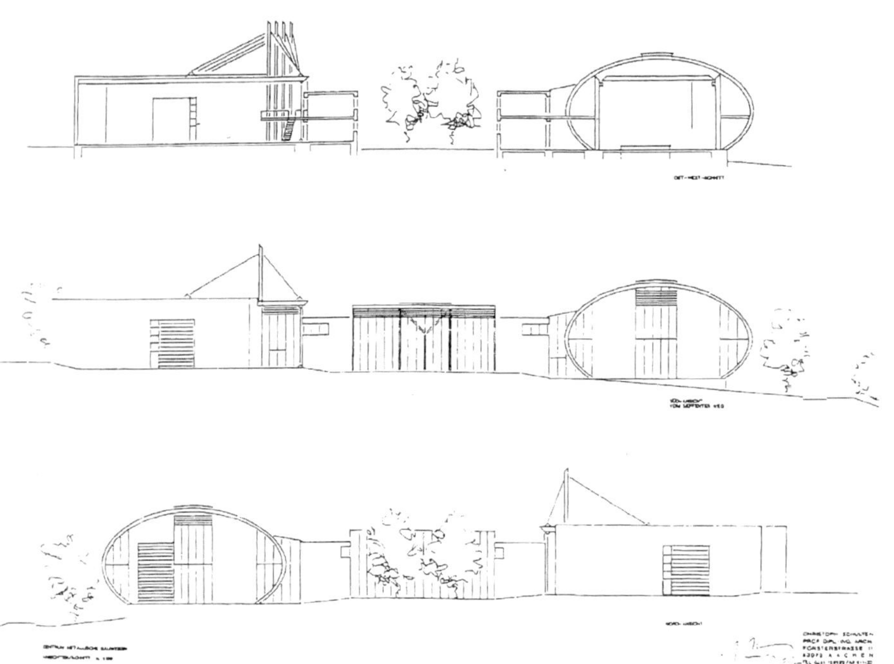

Zentrum Metallische Bauweisen

Südöstlich der Stahlbauhalle soll das neue Zentrum für Metallische Bauweisen entstehen.
Auffälliges Merkmal ist das gläserne Forum - eine im Grundriß quadratische Halle für Ausstellungen, Vorträge und Seminare.
Gefaßt ist dieses Forum von dem alten und neuen Massivtrakt mit Büros und Werkstätten. Diese beiden massiven Riegel bilden einen Schall - und Sichtschutz zu den außen vorliegenden Hallen. Die neue Versuchshalle für metallische Bauweisen hat einen ovalen Querschnitt. Ihre Außenhaut aus Stahlblech ist Dach und Wand zugleich.

Luisenstift in Görlitz

Park des Luisenstifts

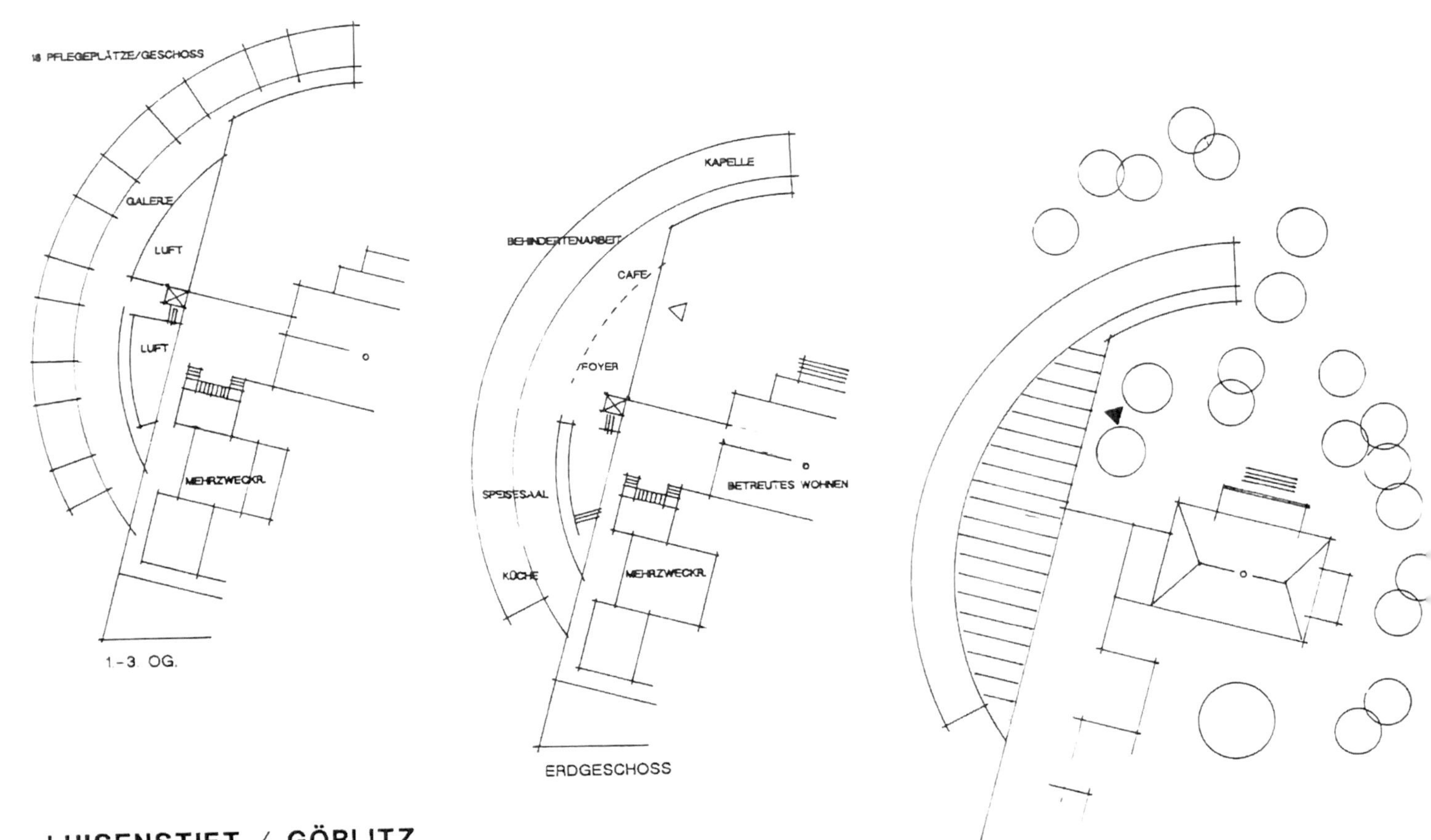

LUISENSTIFT / GÖRLITZ

Umbau und Erweiterung des Luisenstifts in Görlitz
1996-98

Das Luisenstift - früher Internat für höhere Töchter - wird seit langem als Altenheim genutzt. Es liegt im Zentrum von Görlitz und ist von einem sehr schönen, alten Park umgeben. Sonst entspricht es überhaupt nicht dem heutigen Standard: Aufzug, Rampen, Pflegebäder fehlen. Auch der Bauzustand zeigt viele Schäden: von aufsteigender Feuchtigkeit in den Fundamenten, Undichtigkeiten im Dach, Hausschwamm in den Holzbalkendecken und Außenwänden.
Es soll zu einem Haus für betreutes Wohnen umgebaut und erweitert werden.
Seit 1996 wurden im Altbau ein Tagespflegebereich, Pflegebäder, ein Aufzug, eine Rampe eingebaut, Decken erneuert, die Feuchtigkeit im Fundamentbereich beseitigt.
Seit 1998 liegt die Baugenehmigung für den Neubau mit altengerechten Wohnungen vor.

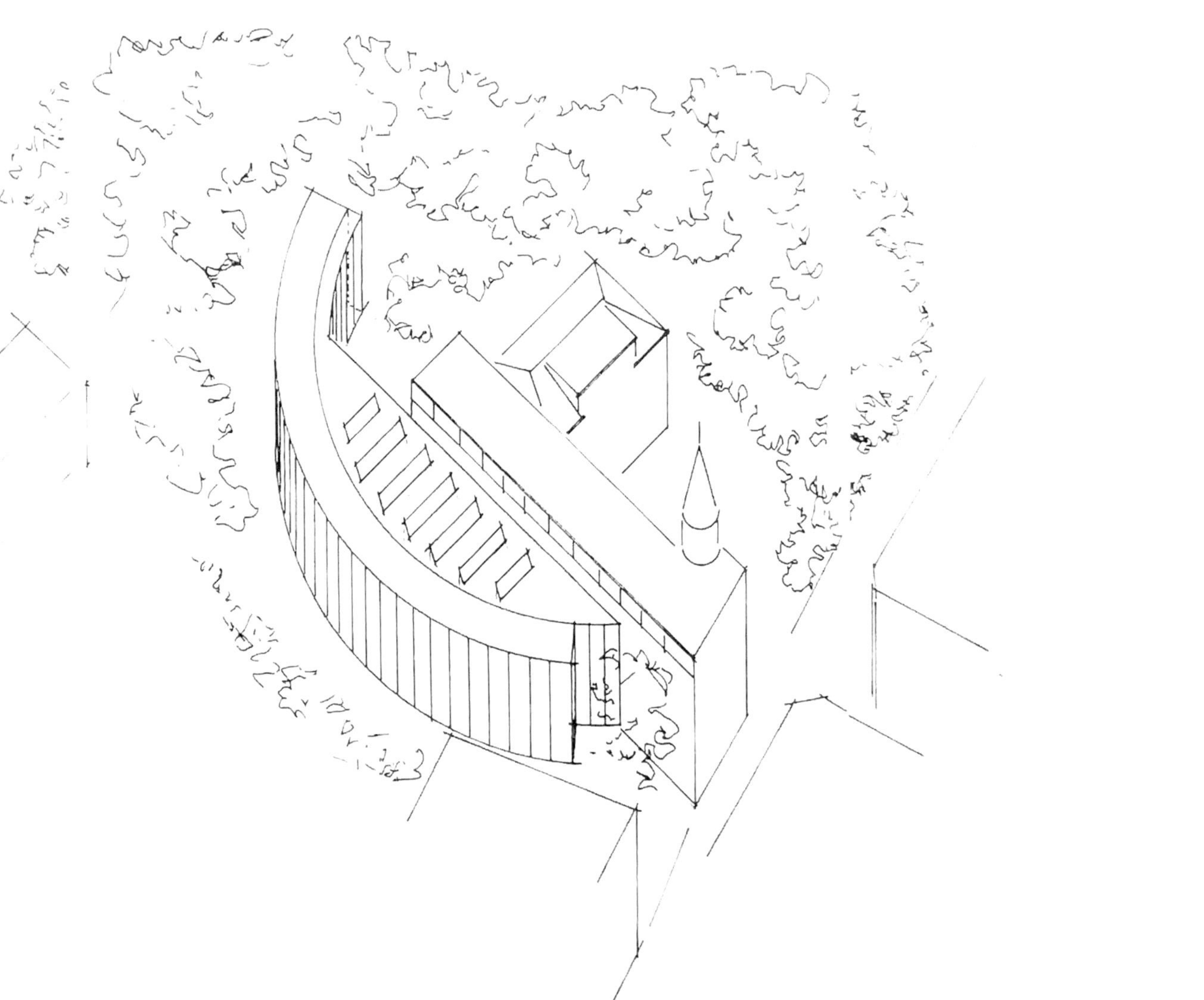

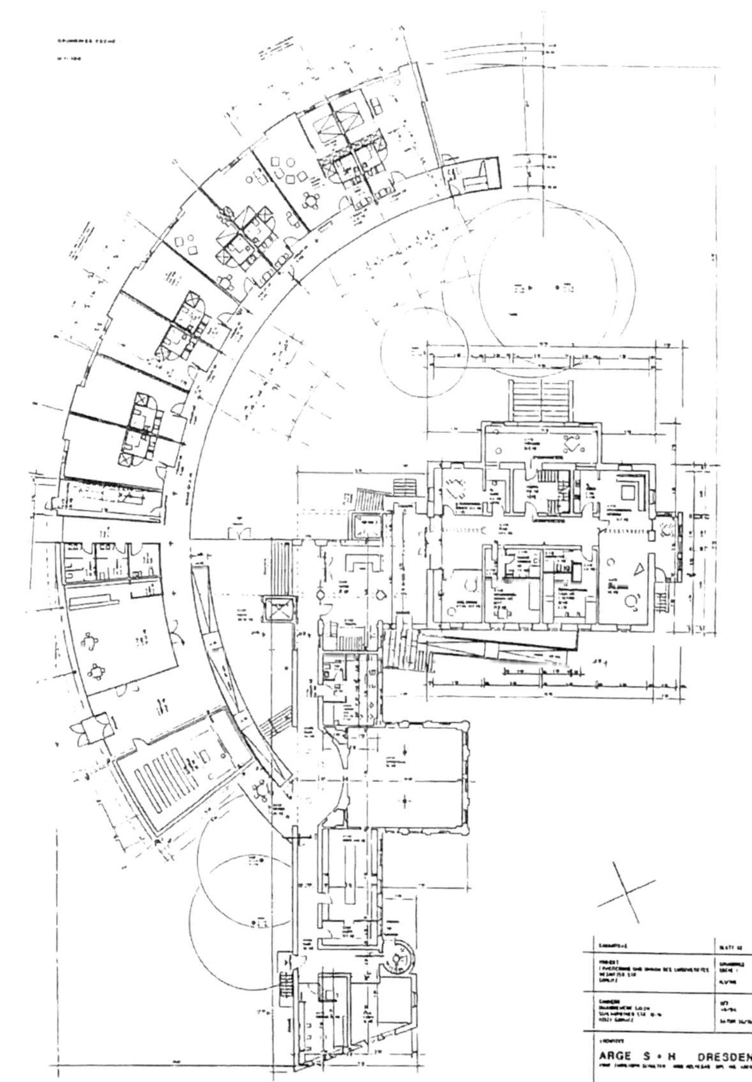

Genehmigungsplanung Luisenstift
Erdgeschoss (Alt- und Neubau)

links:
Teilabriss Altbau
rechts:
Neubau Eingangshalle/Aufzug

Neue Rampe am Eingang

Rampe zum Haupteingang

Neuer Dachaufbau

Ungebautes ...

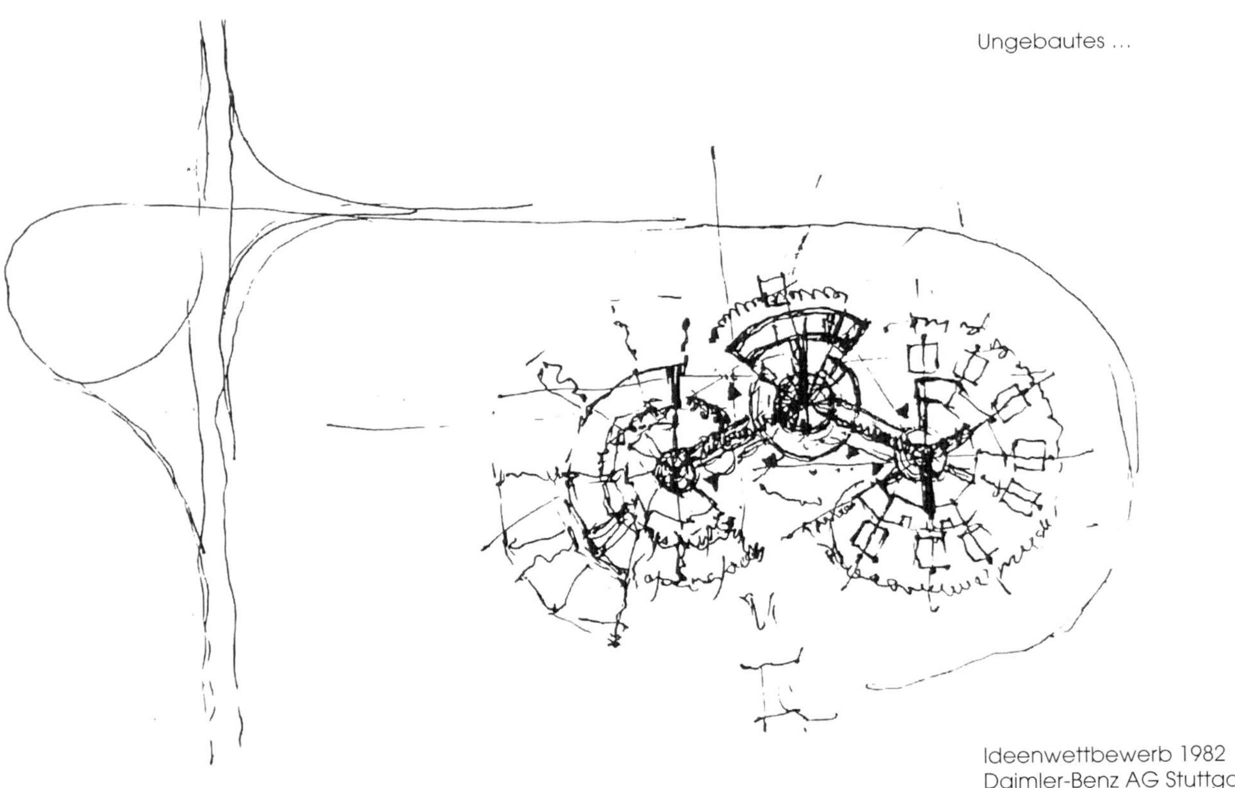

Ideenwettbewerb 1982
Daimler-Benz AG Stuttgart

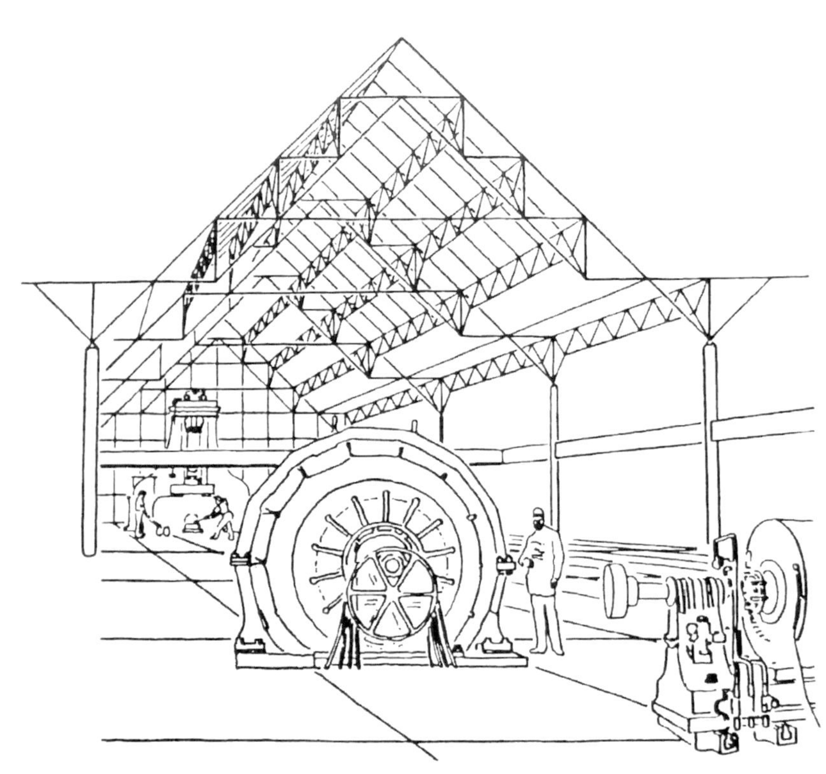

Wettbewerb , 1982
Museum für Technik und Arbeit,
Mannheim

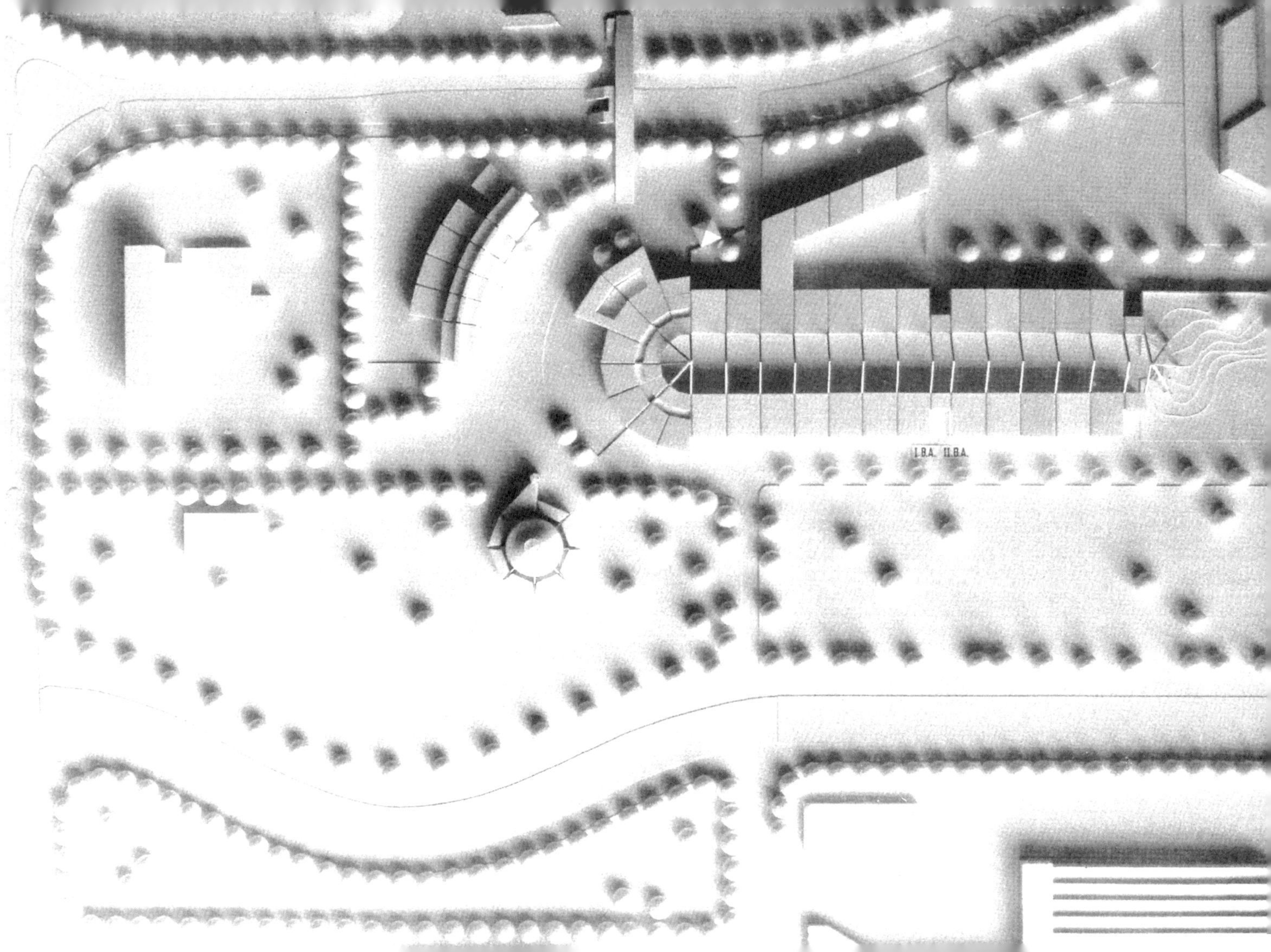
I.B.A. II.B.A.

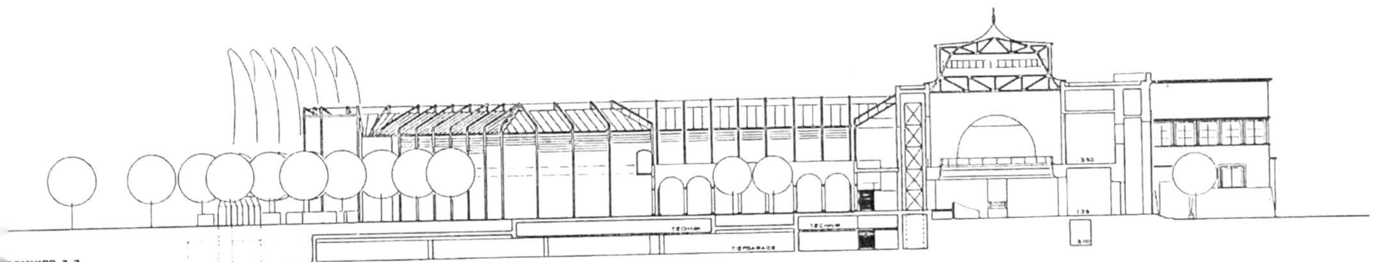

Städtebaulicher Ideenwettbewerb
und Realisierungswettbewerb
Neuordnung des Kunstpalastes
Düsseldorf, 1987/88

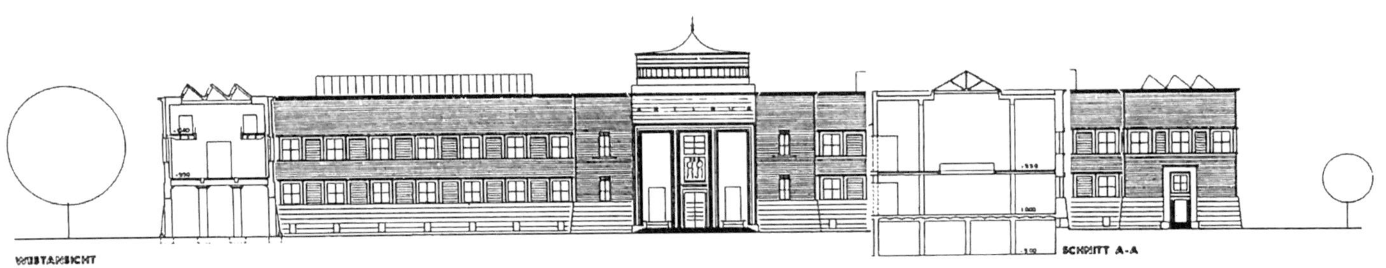

KUNSTPALAST

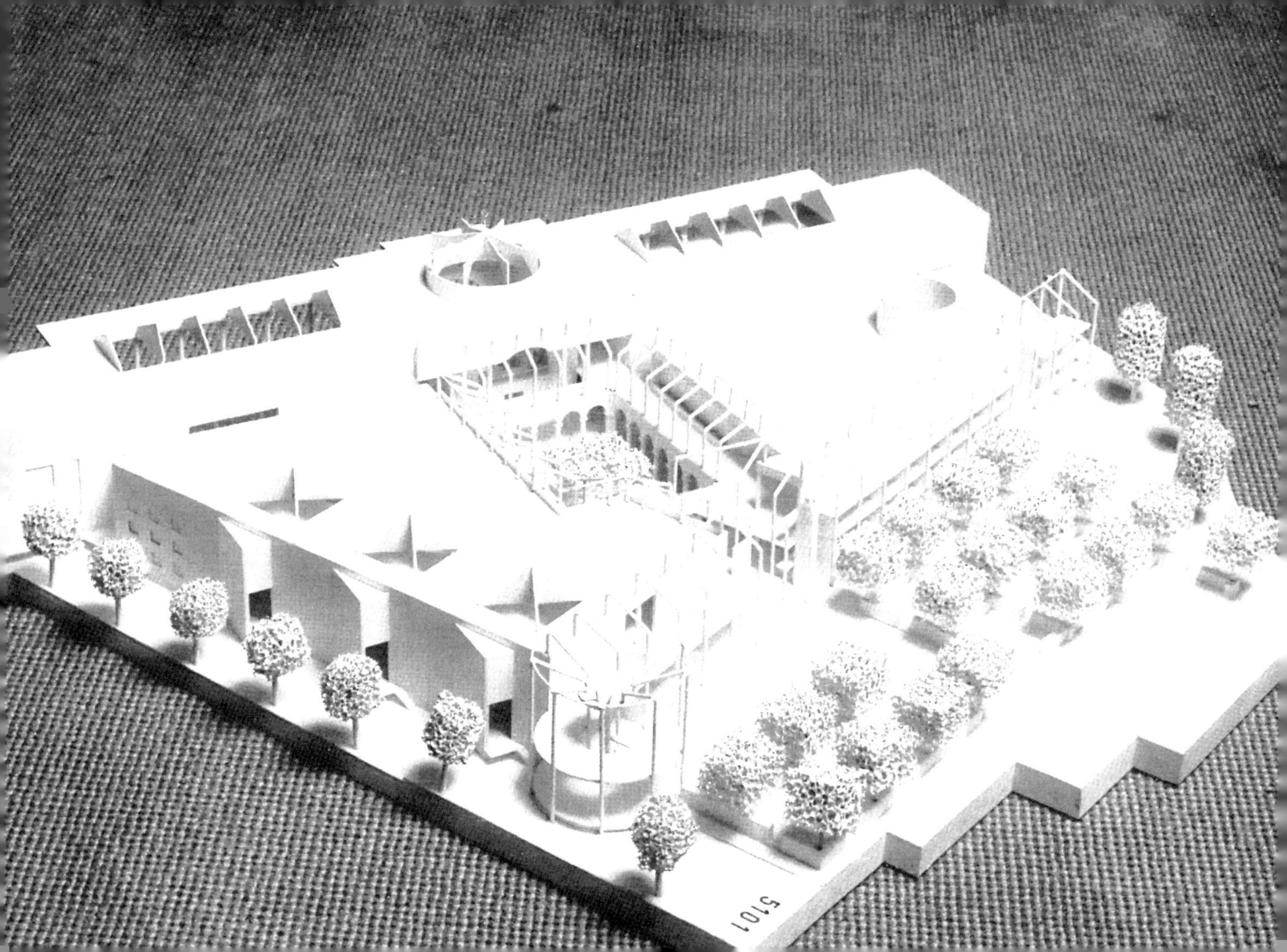

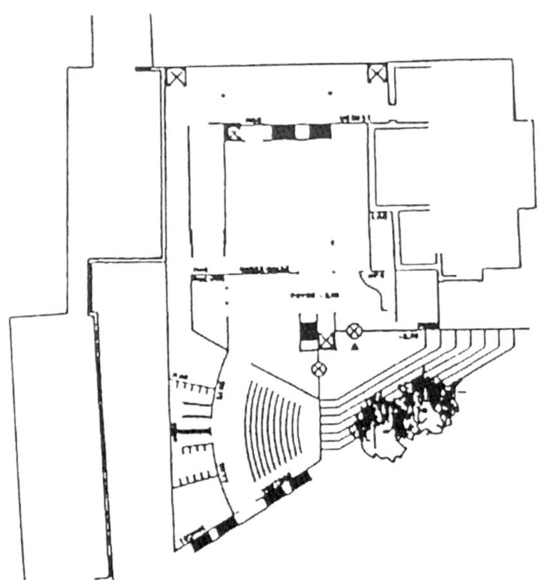

Wettbewerb 1991
Erweiterung des Lippischen Landesmuseums in Detmold

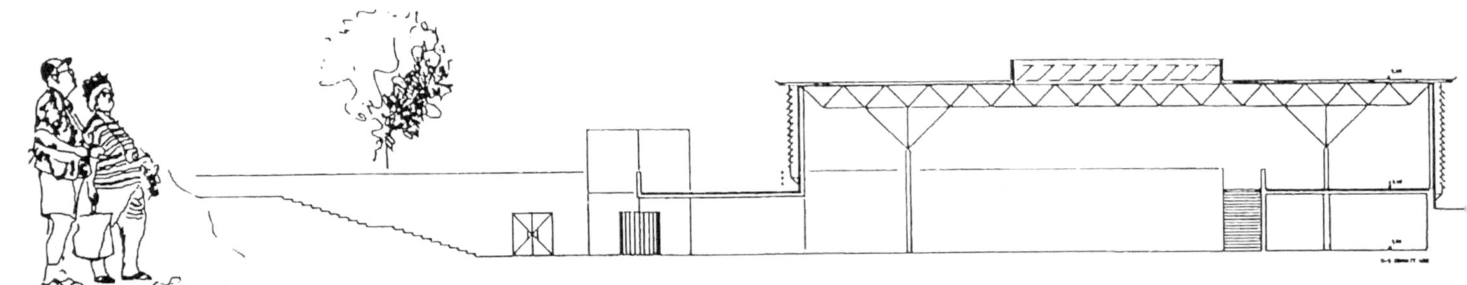

Städtebaulicher Wettbewerb 1994
Ökologischer Wohnungsbau auf
dem Gelände der ehemaligen
Generaloberst Hoepner-Kaserne in
Wuppertal-Elberfeld

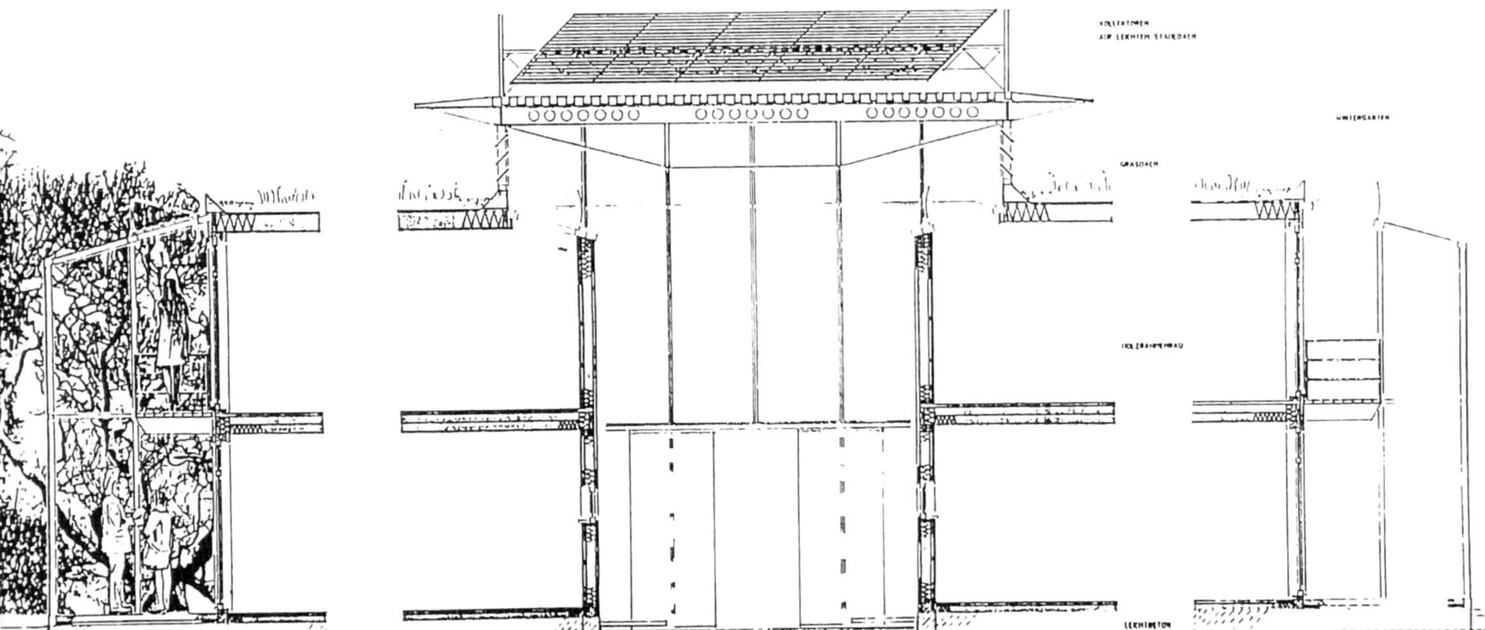

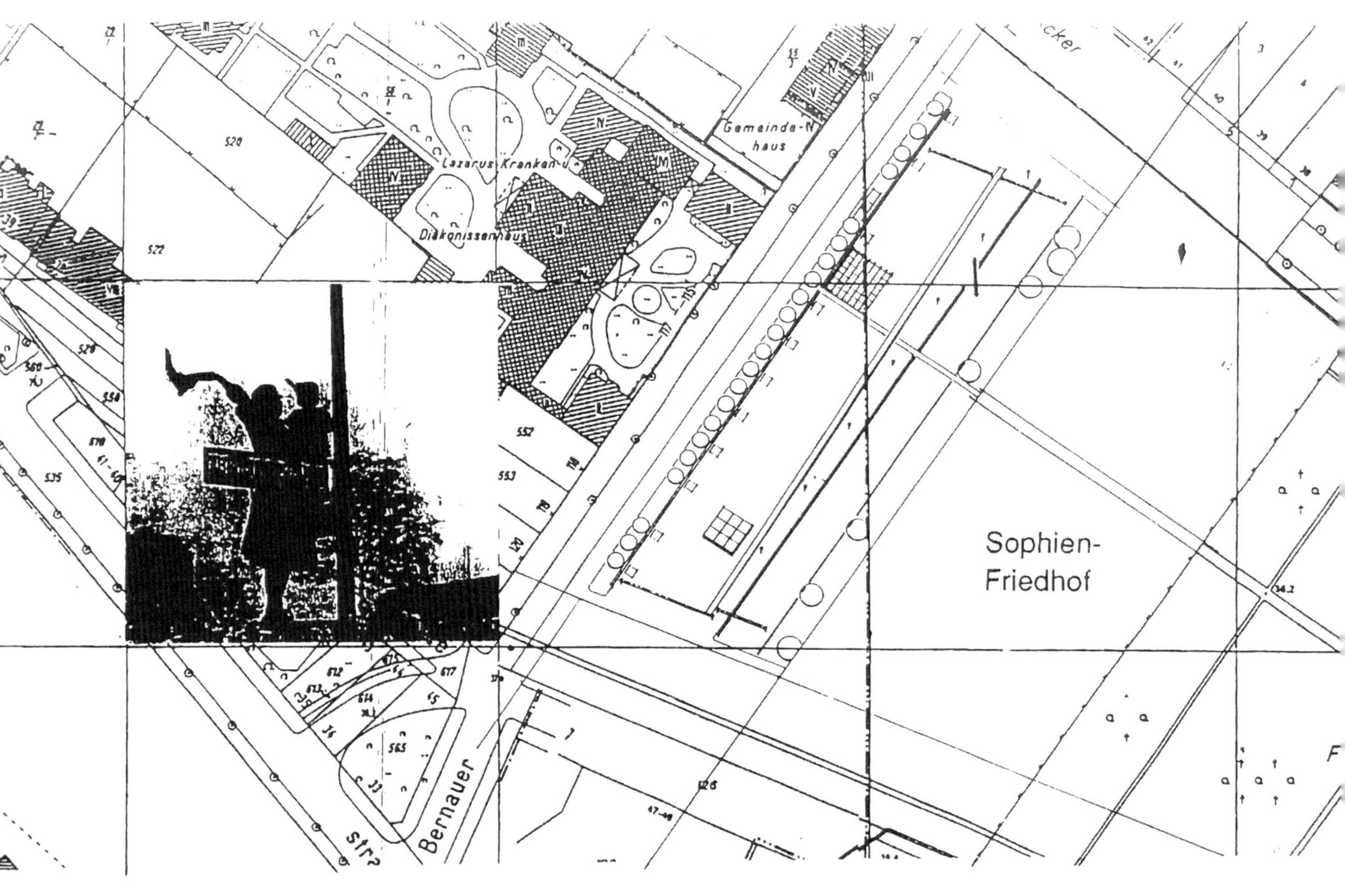
Gemeinde-
haus
Lazarus-Kranken-u
Diakonissenhaus
Sophien-
Friedhof
Bernauer
Str

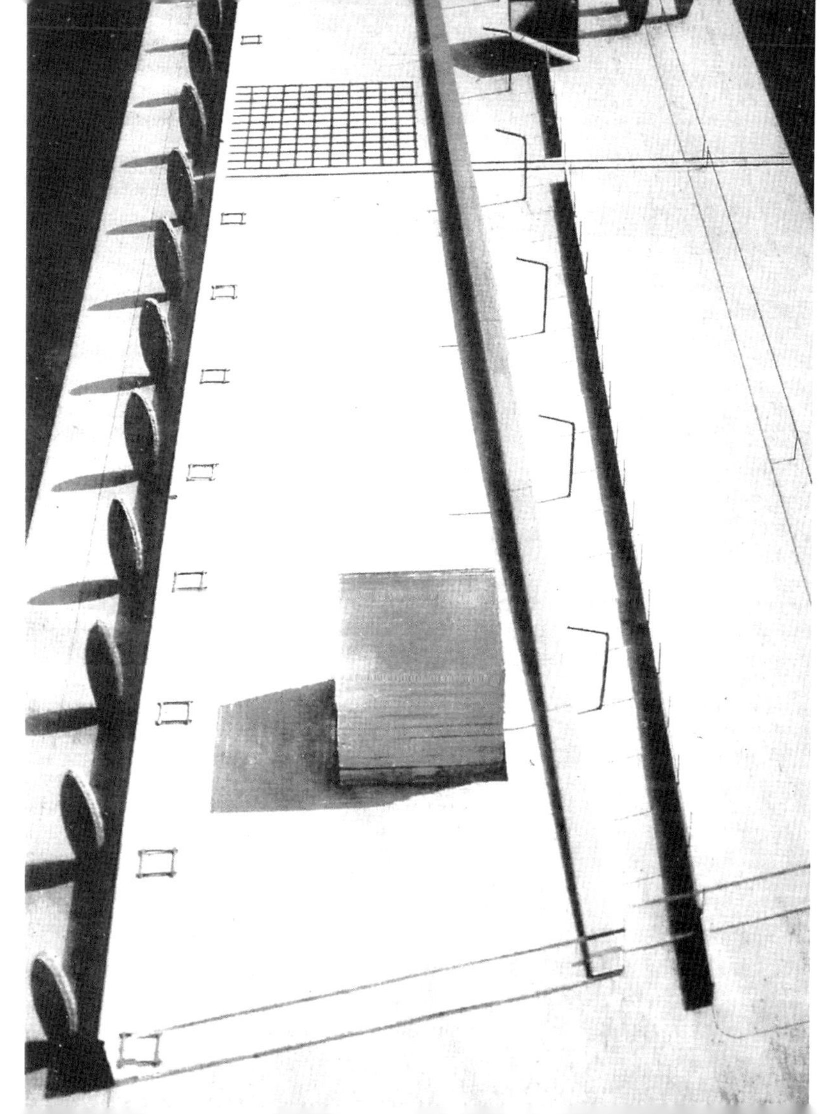

Ideenwettbewerb 1994
Gedenkstätte Berliner Mauer in der Bernauer Straße, Berlin

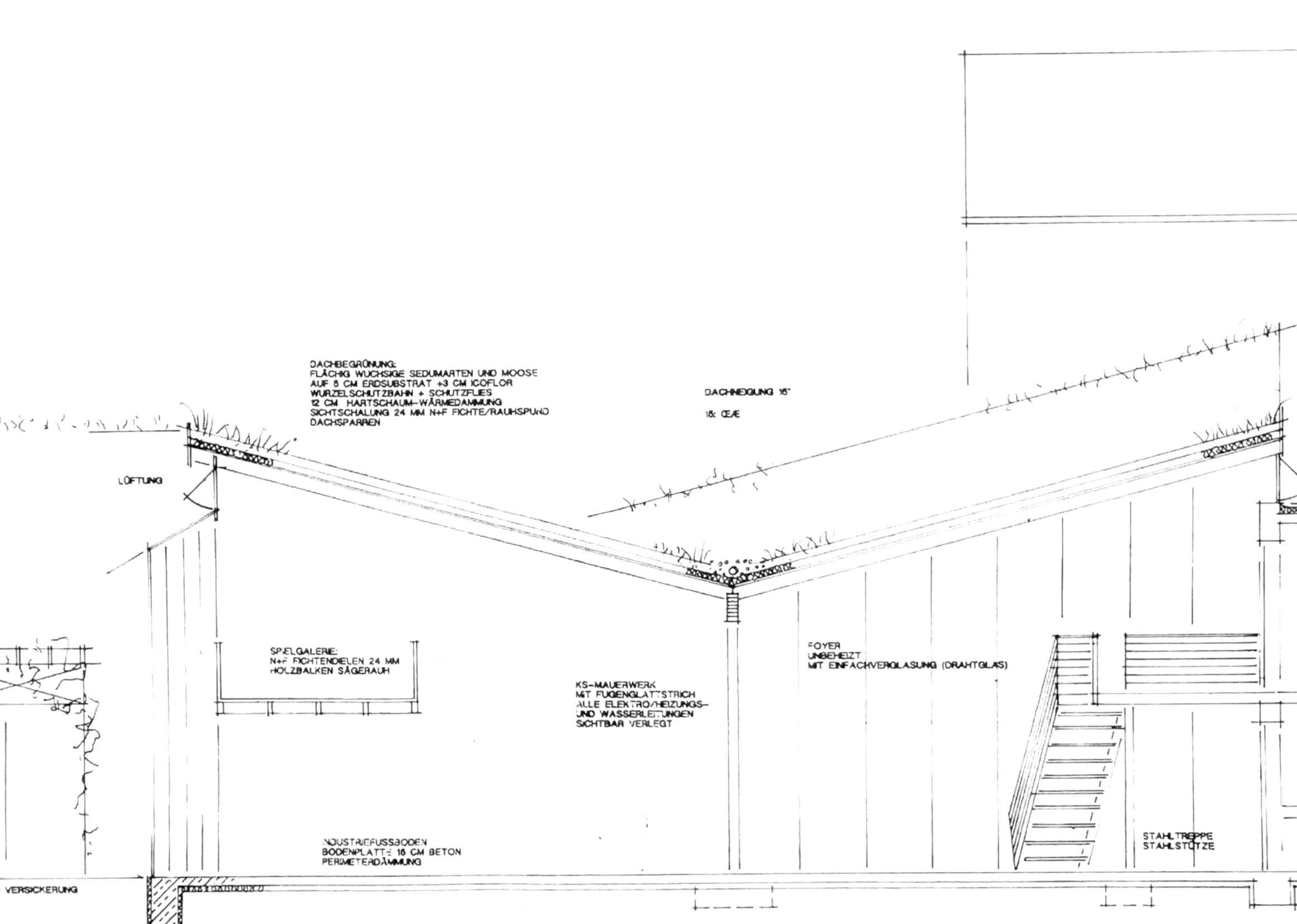
DACHBEGRÜNUNG:
FLÄCHIG WUCHSIGE SEDUMARTEN UND MOOSE
AUF 5 CM ERDSUBSTRAT +3 CM ICOFLOR
WURZELSCHUTZBAHN + SCHUTZFLIES
12 CM HARTSCHAUM-WÄRMEDAMMUNG
SICHTSCHALUNG 24 MM N+F FICHTE/RAUHSPUND
DACHSPARREN
DACHNEIGUNG 15°
LÜFTUNG
SPIELGALERIE:
N+F FICHTENDIELEN 24 MM
HOLZBALKEN SÄGERAUH
KS-MAUERWERK
MIT FUGENGLATTSTRICH
ALLE ELEKTRO/HEIZUNGS-
UND WASSERLEITUNGEN
SICHTBAR VERLEGT
FOYER
UNBEHEIZT
MIT EINFACHVERGLASUNG (DRAHTGLAS)
INDUSTRIEFUSSBODEN
BODENPLATTE 15 CM BETON
PERIMETERDÄMMUNG
VERSICKERUNG
STAHLTREPPE
STAHLSTÜTZE

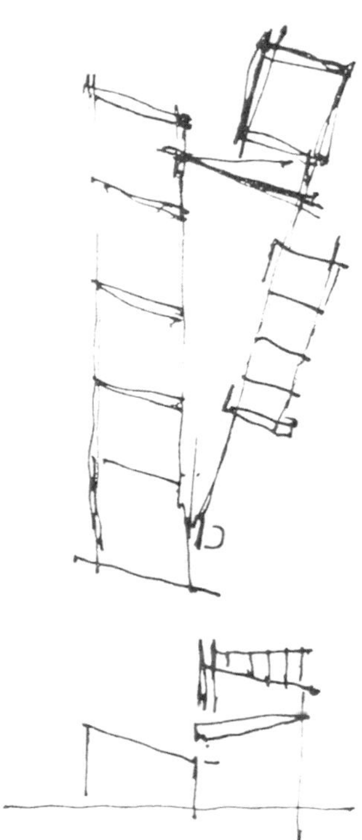

Wettbewerb 1996
Johanniter-Kindergarten in Erkelenz

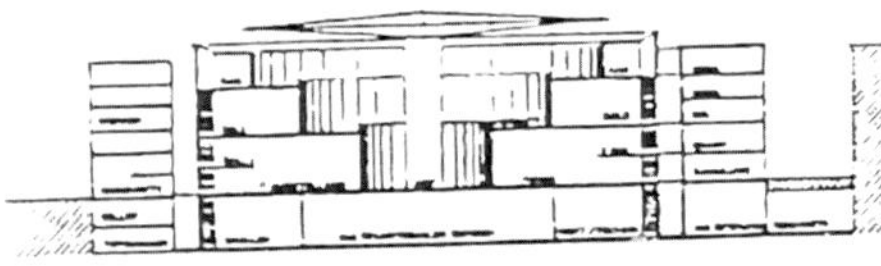

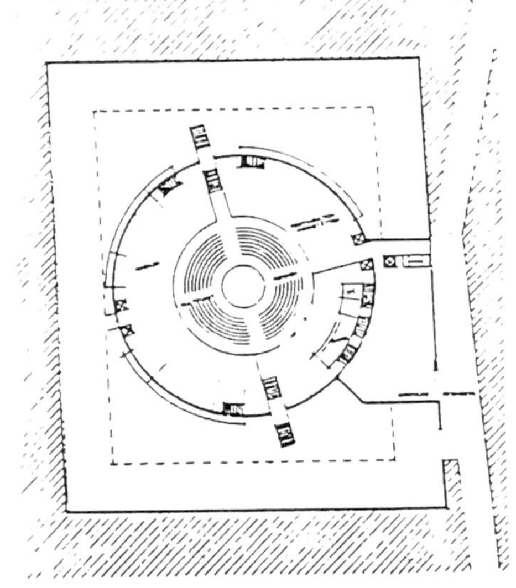

UG

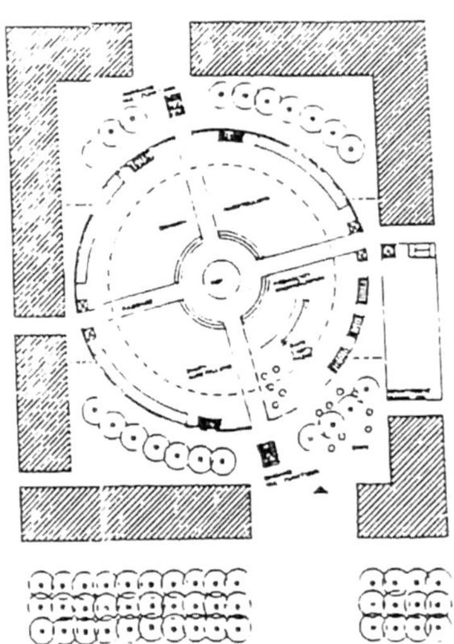

EG

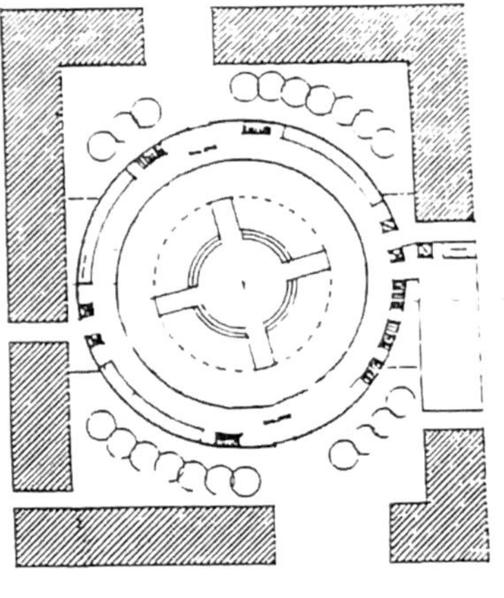

EG GALERIE

Museum der bildenden Künste Leipzig

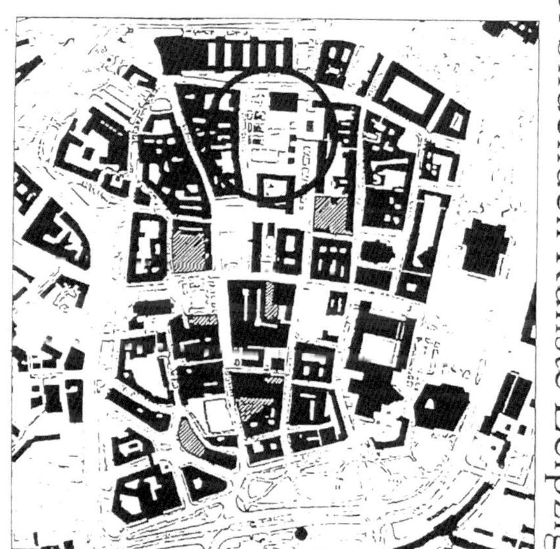

Wettbewerb 1997
Museum der bildenden Künste
Leipzig

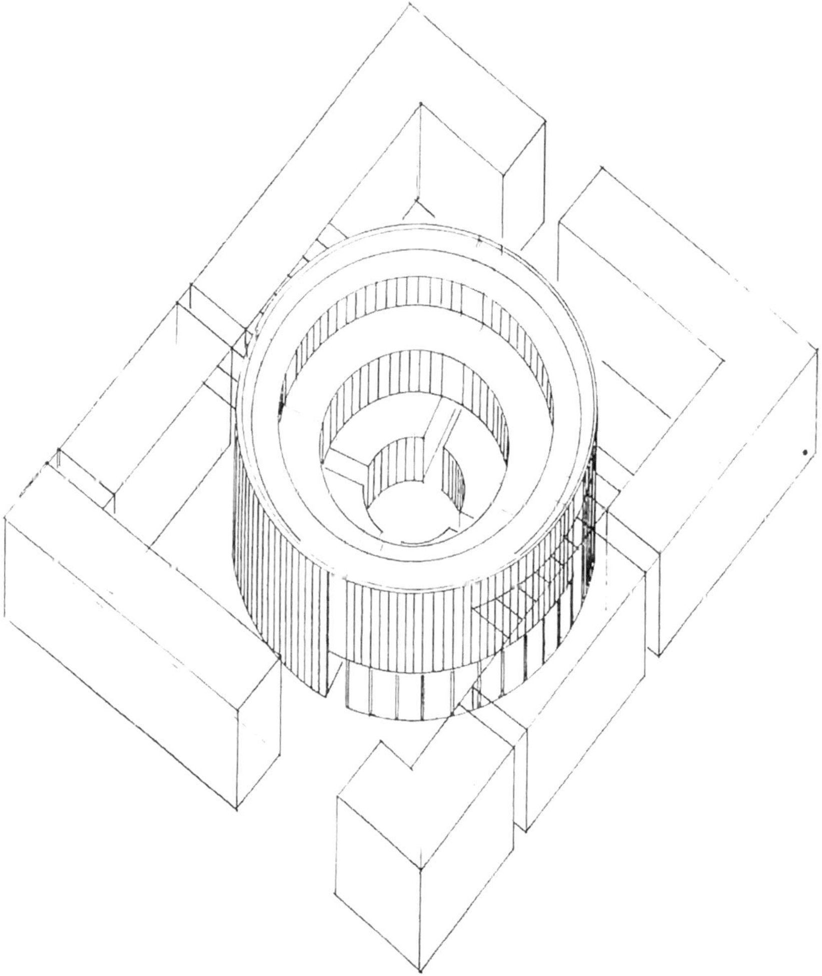

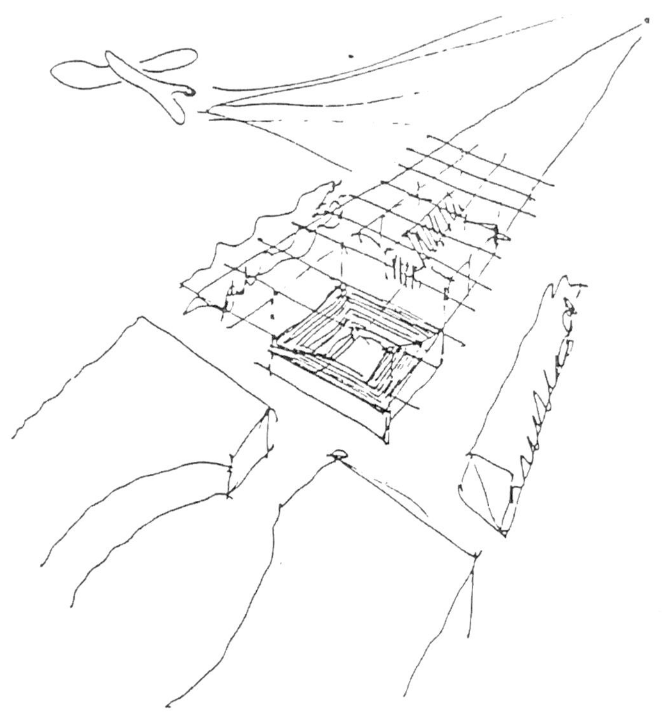

Ideenwettbewerb 1997
Festspielgelände Hellerau Dresden

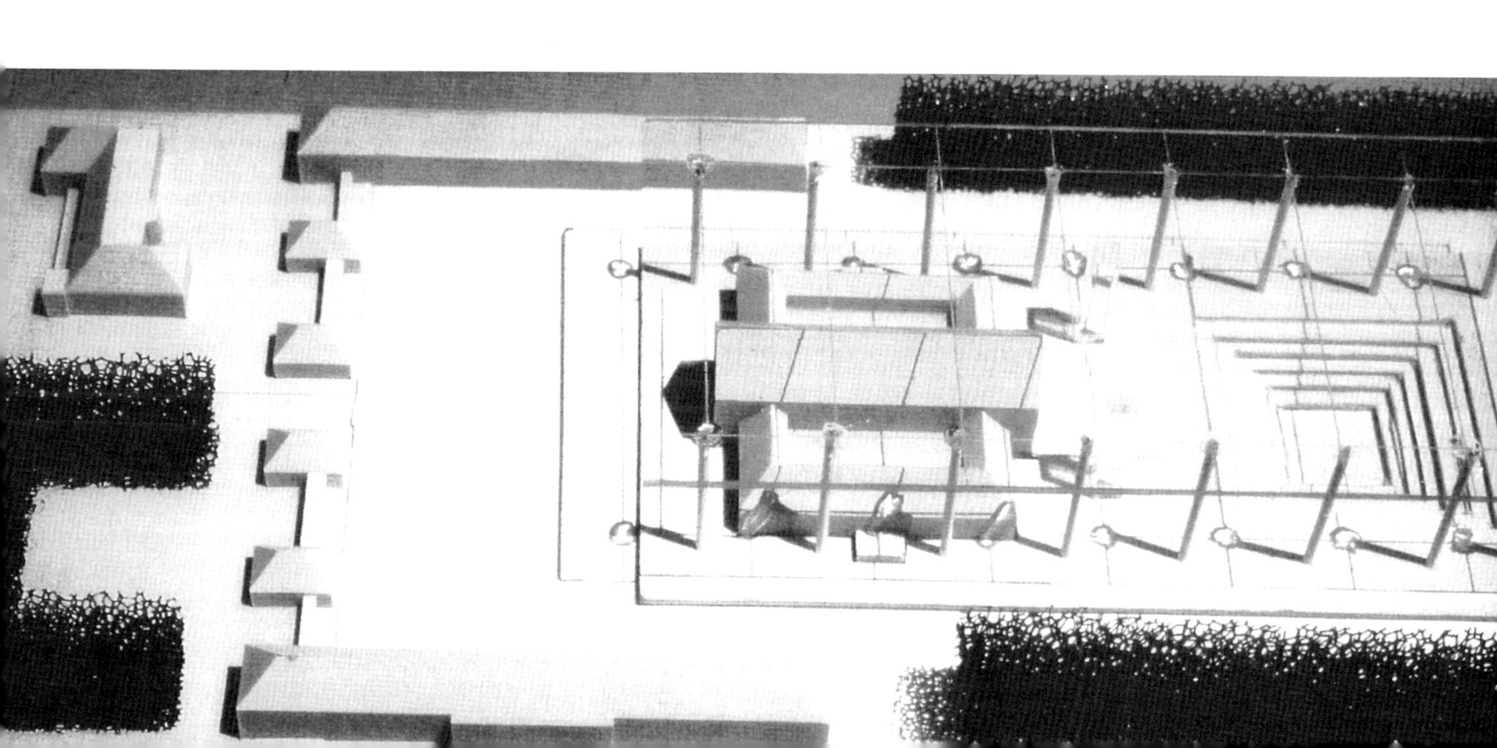

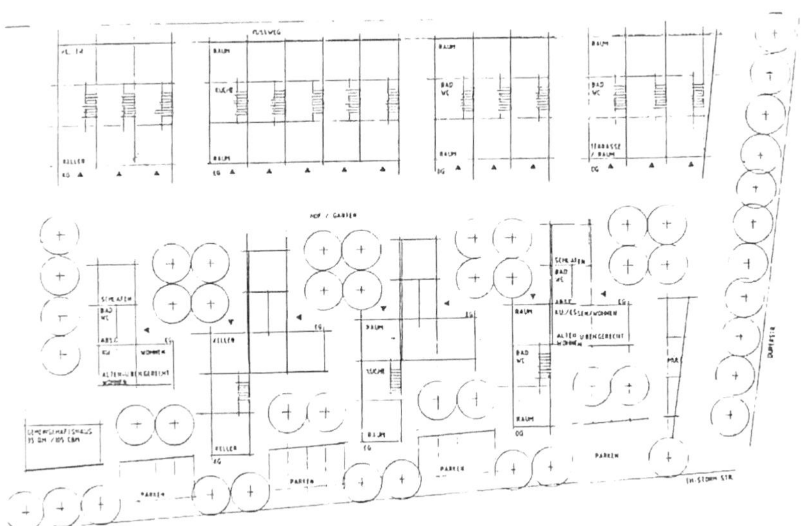

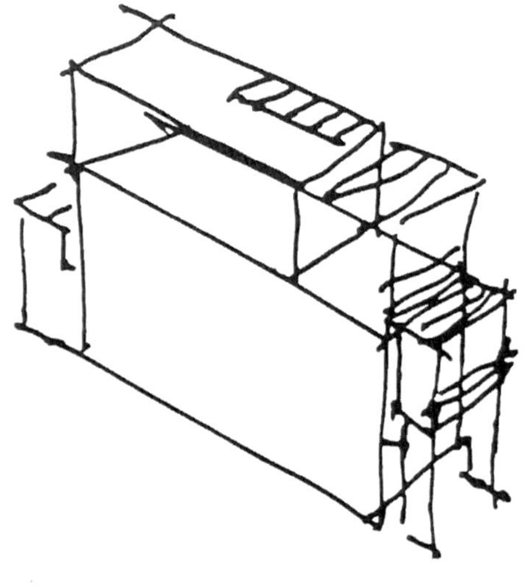

Wettbewerb 1998
Genossenschaftliche Wohnanlage
Am Horn, Weimar

"Wenn man so ganz allein im Walde steht, begreift man nur sehr schwer, warum man in Büros und Kinos geht. Und plötzlich will man alles das nicht mehr!"

Erich Kästner "Meyer IX. im Schnee"

... und erholen

auf den folgenden Seiten:
Skizzen
Thormanby Island, Canada B.C.

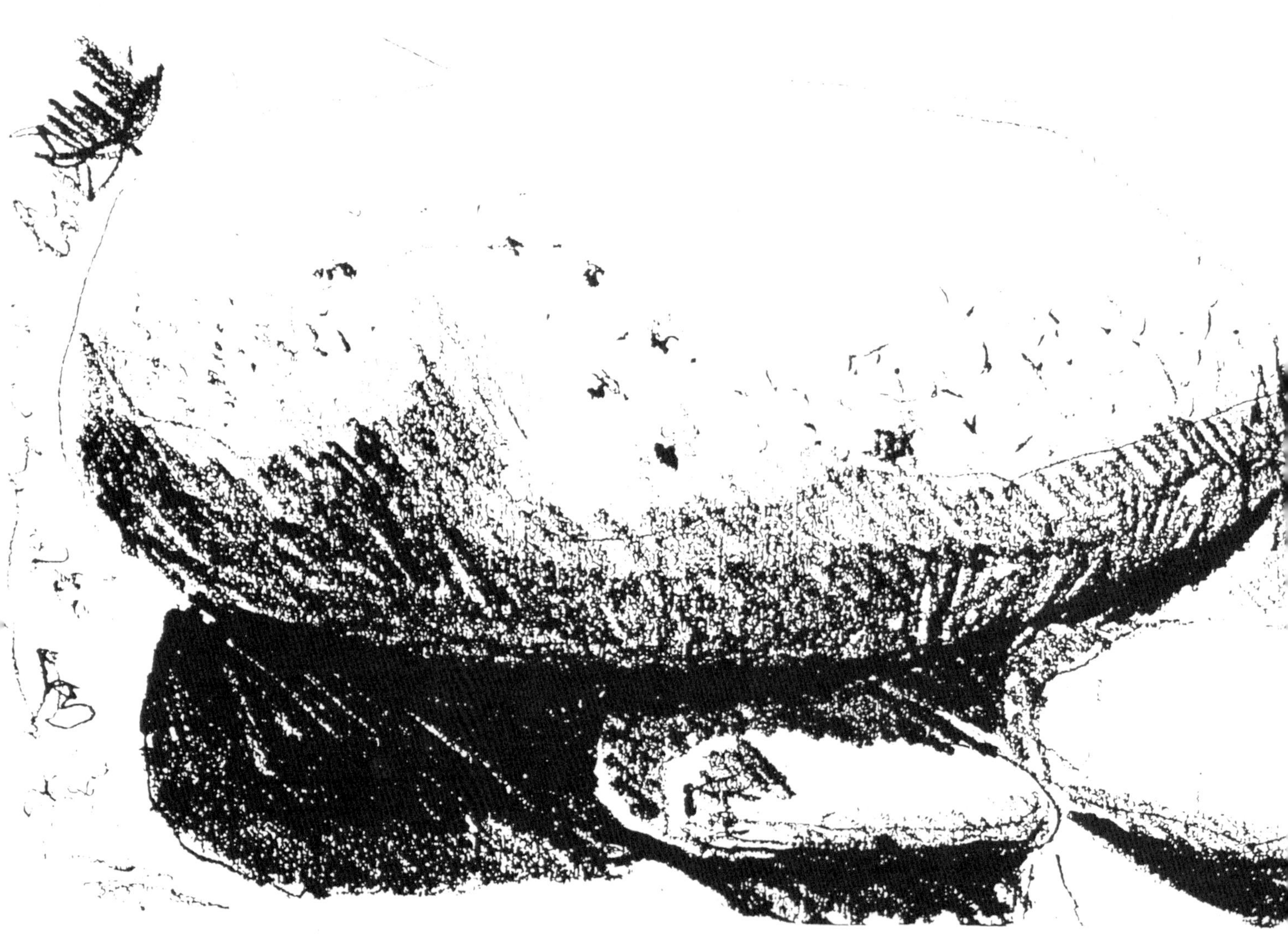

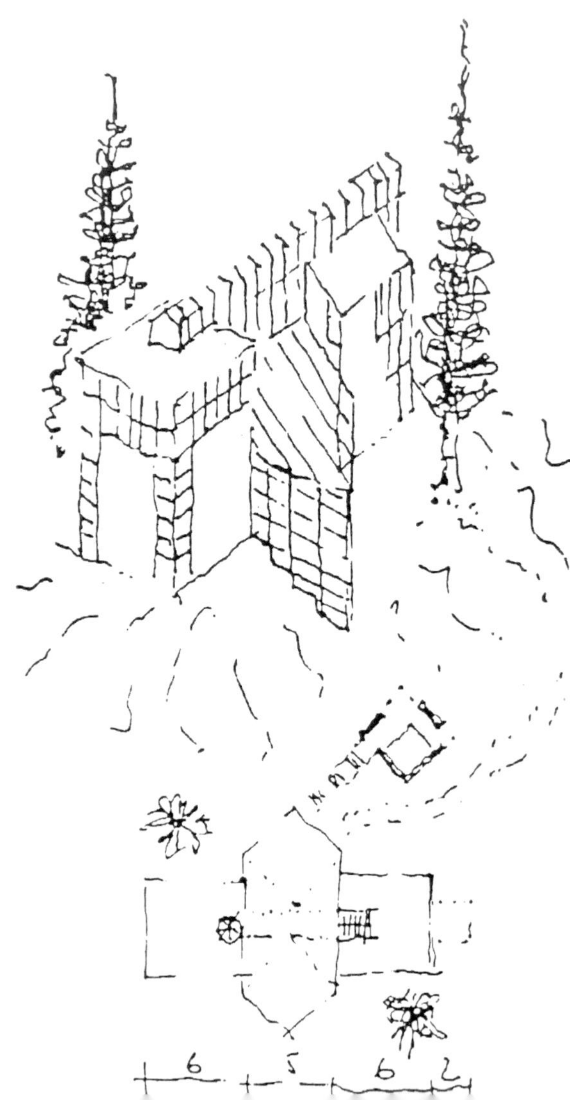

"House for two"
Thormanby Island, 1983

Wir hatten uns in Halifax, im Osten Kanadas kennengelernt.
Ann erzählte mir von ihrer Heimat, der Westküste Britisch-Kolumbiens.
Statt roter Rosen oder einer Pralinenschachte habe ich ihr ein Haus entworfen - für Thormanby Island.
Da ich den Ort aber nicht kannte, entwarf ich das Haus ganz falsch:
- Ich setzte es oben auf den Hügel. Dort gibt es aber kein Wasser !
- Mit dem Glashaus ist es sehr der Sonne und dem Regen ausgesetzt. Es regnet dort oft wochenlang!
- Auch der Bau des Hauses ist schwierig, da das gesamte Material dort hochgetragen werden muß.
Als ich zum ersten Mal die Insel betrat, sah ich dort Häuser, wie sie seit Jahrzehnten gebaut werden:
- geschützt unter Bäumen oder dicht am Waldrand,
- nahe am Ufer gelegen, so daß man Baumaterial und Vorräte zum Leben gut dorthin bringen kann.
- und mit einer großen,überdachten Terrasse vor dem Haus, wo man sich bei jedem Wetter mit Freunden und Nachbarn aufhält.

links:
Rose's cottage, Thormanby Island
rechts:
Simpson's cottage, Thormanby Isl.

Erweiterung einer Ferienhütte auf Thormanby Island, 1991

Nimmt man von Vancouver (Horseshoe Bay) die Fähre nach Langdale (Sechelt Peninsula) und fährt von dort ca. 1 Stunde westlich entlang der Küste, vorbei an Roberts Creek, Sechelt und Halfmoon Bay, so gelangt man nach Secret Cove. Von der Küste ca. 1/2 Stunde Bootsfahrt entfernt, liegt Thormanby Island. Hier haben vor Jahrzehnten einige Familien sich Sommerhütten errichtet.
Diese Holzhütte hat ein einfaches Satteldach, das über der nach Westen gerichteten Terrasse auskragt und diese schützt. Von hier hat man einen herrlichen Blick über die Meerenge von Welcome Pass.

Da die Hütte nur einen Raum hat, haben wir sie um zwei kleine Schlafräume erweitert, in dem wir die vorhandene Bauform nach Osten um 10 Fuß verlängerten. Eine 5 Fuß breite Fuge als offener, überdachter Durchgang trennt die neue und alte Hütte.

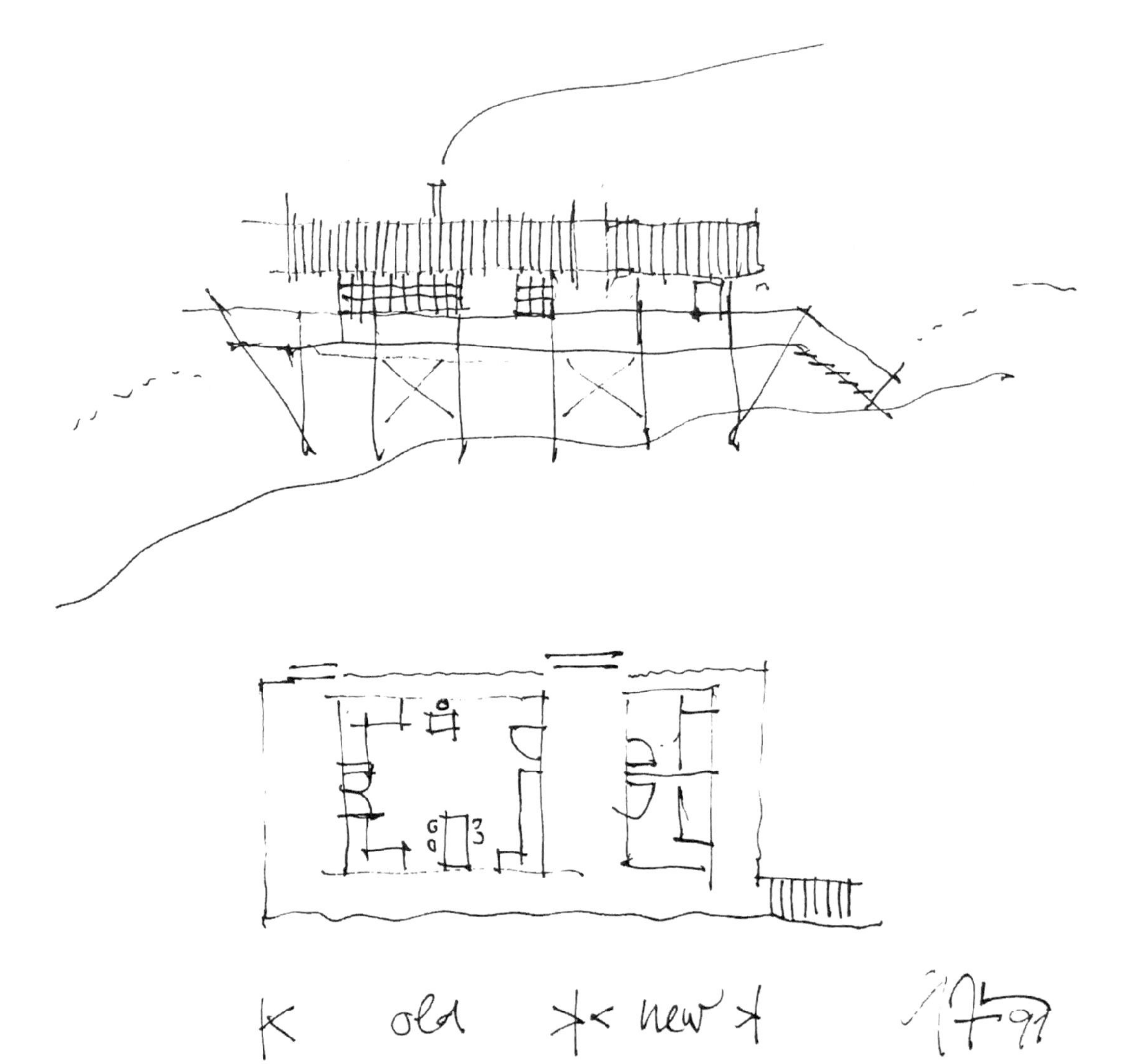
old
new

folgende Seiten:
Skizzen in Gibsons B.C.

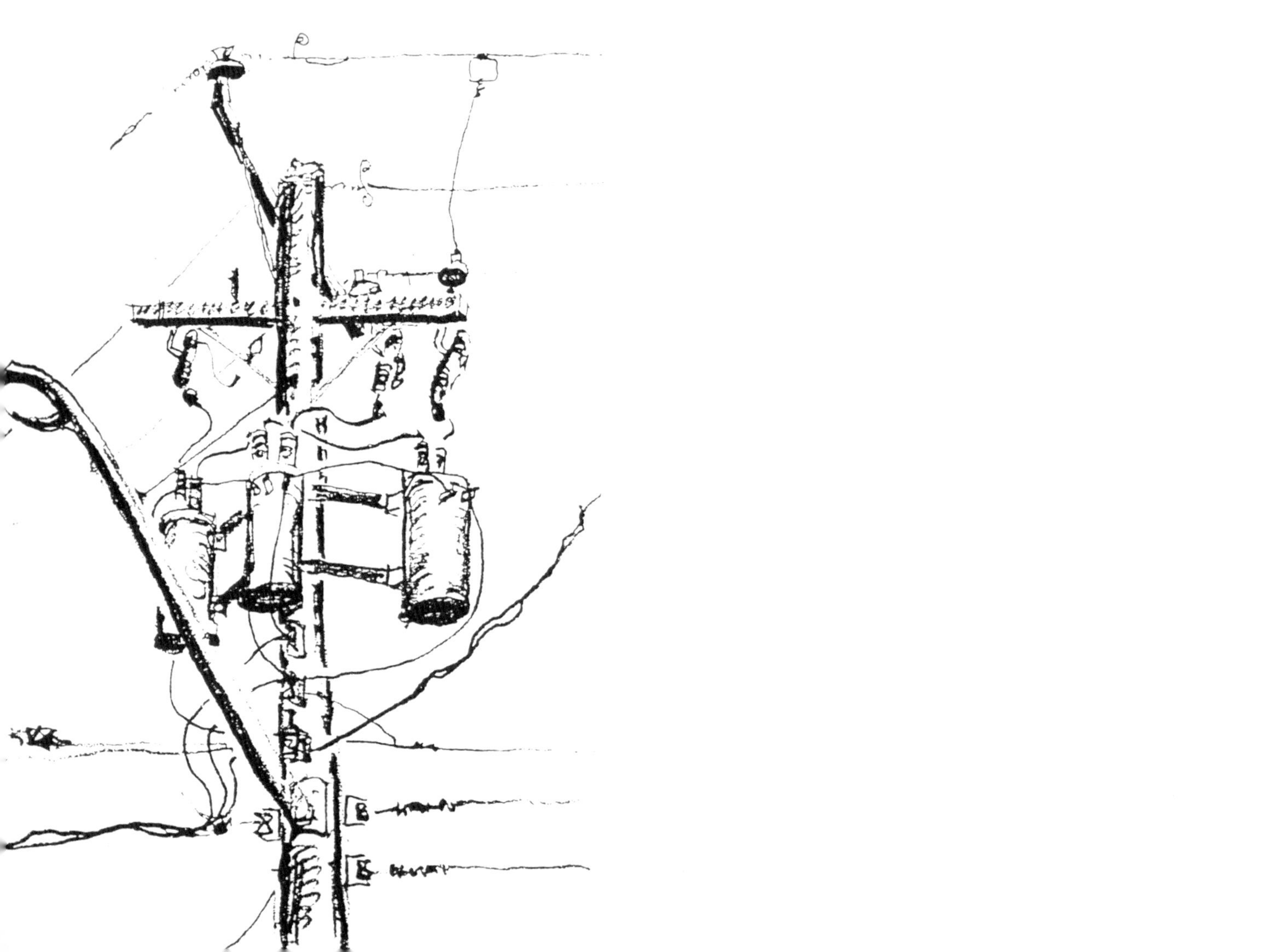

%
TRUCKS
GEAR DOWN

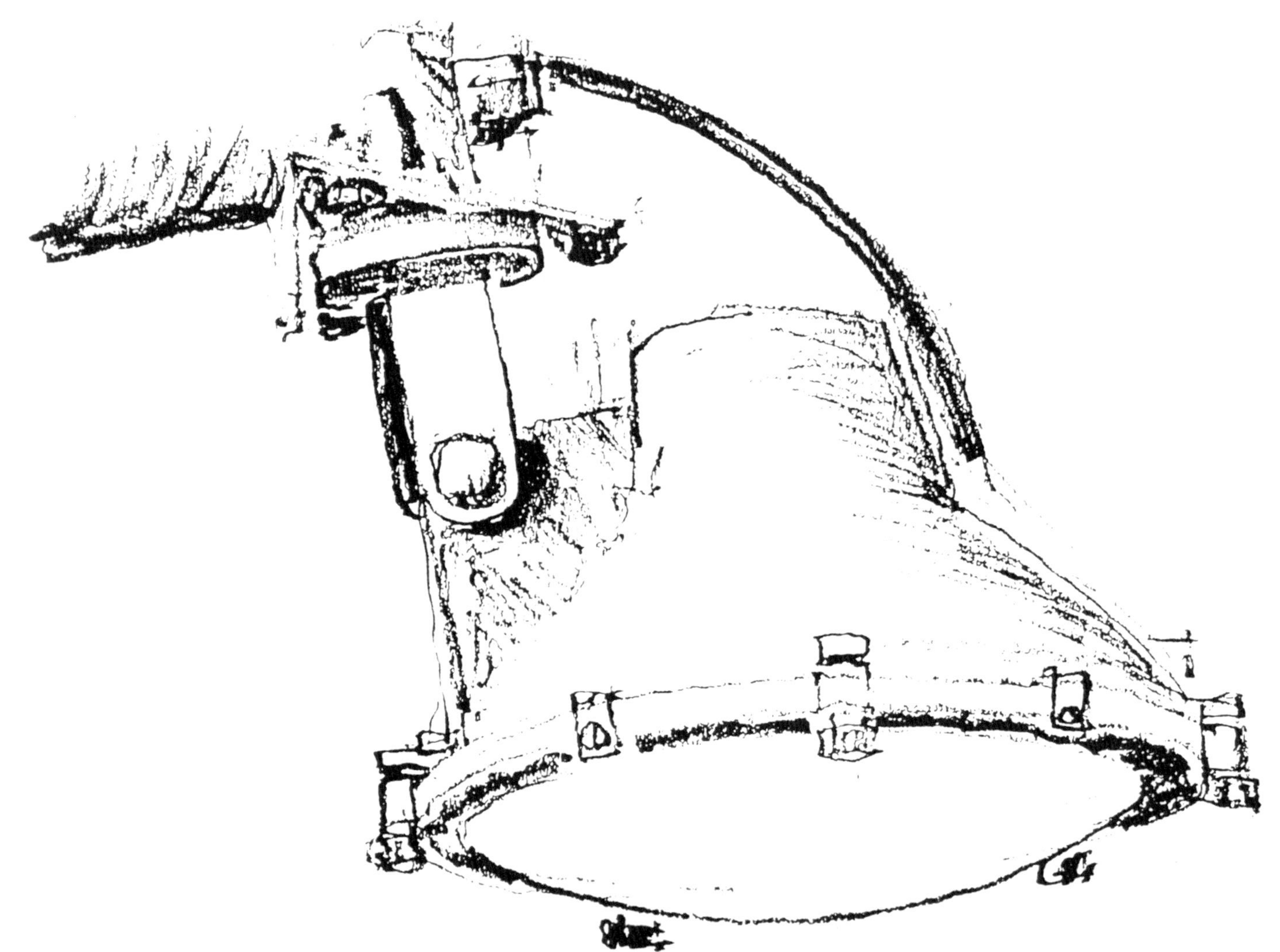

Ferienhaus in Britisch-Kolumbien, 1995

Das Hanggrundstück liegt am Fuß des Mount Elphinstone auf der Sechelf Peninsula, nahe dem Fischerort Gibsons. Man hat von dort einen Blick über den Howe Sound Fjord mit seiner Inselwelt - Keats, Bowen und Gambier Island - und zu den Coastal Mountains nördlich von Vancouver. Als Ferienhaus für Familie und Freunde hat es im Hauptgeschoß einen Wohnraum mit Küche, Eßplatz und einem überdachten Balkon mit der beschriebenen Aussicht, im Obergeschoß ein Studio zum Malen und Zeichnen, im Untergeschoß Schlafräume und Bad.
In der dort üblichen Holzrahmenkonstruktion wurde der Bau in vier Monaten von zwei Handwerkern errichtet - vom Fundament bis zum Dachstuhl. Dach und Außenwände sind mit Holzschindeln eingedeckt und verschalt. Nur die Installationen wurden an weitere Handwerker vergeben. Die Baukosten waren halb so hoch - verglichen mit ähnlichen Holzbauten hierzulande.

"house in Gibsons"

28.1.95

Guggenheim Museum, Bilbao

Zurück zu der Filzkappe:

Dieser Kopfbedeckung entspricht in der Architektur ein einfaches Dach, zum Beispiel ein Sattel- oder Pultdach, also seit langem bewährte Bauformen.
Der Formensprache eines Modehuts ähnlich ist die komplizierte, aufwendige Haube des Museums von Bilbao.
Im Vorwort einer Architekturzeitschrift aus dem Jahr 1999 steht:
"Der Trend geht weg von der Funktion und hin zum Spektakel. Übertreffen Sie Ihre Kollegen in Sachen prachtvoller Aufmachung. Dann ziehen Sie das Kapital an wie ein Magnet. Bauen Sie Erregungszentren, am besten wie Gehry."

Diesem Aufruf kann ich nicht folgen; denn es gibt zu viele Probleme und Aufgaben in der Alltagsarchitektur, die von zukünftigen Architektengenerationen zu bewältigen sind.

Düsseldorfer Medienhafen

Menschen, für die ich entwerfe, und Orte, an denen ich baue, sind mir wichtiger als Stile.

Bibliographie

Umschlag: Adolf Loos, Regeln für den, der in den Bergen baut, 1913
S.20 Chr. Schulten. Gespräche mit Benutzern des Revierparks Gysenberg
Bauwelt 22/1977
S.25 Chr. Schulten, Wieviel Raum braucht ein Mensch
Bauwelt 19/1978
S.30 Chr. Schulten, Zwischen Moskau und Nachodka
Bauwelt 20/1978
S.56 Chr. Schulten, Zeit zum Altern, F.L. Wrights erstes Haus und Studio in Chicago
Bauwelt 15/1980
Landhaus in Raeren.
S.60 Chr. Schulten,
- auf dem Lande
- Bauwelt 5/1981
ARCH+ 57/58, 1981
- ARCH+ 79/1985
- Deutsches Architektenblatt 2/1982
- bauen mit holz 8/1982
- DBZ 1/1984
Höfler, Kandel, Linhardt, Baukosten-Sparfibel 1983
-Boeminghaus/Stabenow, Mut zum Bauen, 1984
-Peters/Henn: Einfamilienhäuser, Callwey Verlag 1982
Deutsches Architekturmuseum: Bauen heute - Architektur der Gegenwart in der Bundesrepublik Deutschland
Klett Verlag 1985
S.70 Chr.Schulten, Haus Heckmanns
ARCH+ 82/1985
S. 76 Chr. Schulten, Hoch oder lang Bauwelt 45/1985 Selbstbau in Holz ARCH+ 82/1985
S.90 Gemeinsam Planen und Bauen
ARCH+73/1984
-Chr. Schulten, Erfahrungen beim Selbsthilfeprojekt Haus-Heyden-Hof
ARCH+ 82/1985
-Rudolf Schilling; einfach - Anmerkungen zu einem Begriff
archithese 1/1987
-Julia Bargholz Hrsg. Ökotopolis
Bauen mit der Natur
Verlag Kölner Volksblatt, 1984
S. 103 S.Kraft, N.kuhnert, im Gespräch mit Schulten: Hallen und Nischen
ARCH+ 79/1985
-D.Boeminghaus, Wohnhäuser - individuell und kostengünstig, Krämer Verlag, 1985
-Karl Ludwig, Wohnhöfe-Hofräume
Callwey Verlag, 1987
S. 104 Chr.Schulten, Mustersiedlung Birkmahd, Bad Wörishofen
ARCH+ 92/1987
Bayerisches Staatsministerium des Innern: Katalog, Wohnmodelle Bayern 1984-1990
Callwey Verlag 1990
S. 114 Rudolf Lodders Stiftung, Unbebaubar - Bebaubar, Unbaubar - baubar, Rudolf Lodders Preis 1991 Druck R. Krieger; Hamburg 1991
S.132 G.Sedlacek, Neubau einer Institutshalle, RWTH Aachen
Stahlbau-Nachrichten 2/1993
S.142
Schulten/Helmedag, Umbau Luisenstift in Görlitz
Bauhandwerk 4/1999
S. 158
Kunstpalast Düsseldorf
Wettbewerbe aktuell 3/1988
S.220 Chr.Schulten, Karikatur „Form follows money", DAB 2/98
Litat R.Koch im Editorial VIA PROFIL Das Architekten Magazin 8/99

Beteiligte

-Landhaus in (B) Raeren Mitarbeit: B.Mittelbach
-Haus Heckmanns in Venwegen
Mitarbeit: J.Konwinski
-Haus auf schmalem Grundstück in Raeren mit Ann McTaggart
-Haus Bäumer-Roentgen in Roetgen-Rott
Mitarbeit: H.Lorenz
-Haus Heyden-Hof in Herzogenrath, 1983-86
Projektgemeinschaft Chr. Schulten, L.Jax mit den acht Familien
-Mustersiedlung Birkmahd in Bad Wörishofen-Gartenstadt
Mitarbeit:D.Meyknecht A, McTaggart Durchführung:
G.Schneider, Bad Wörishofen
-Stadthaus in Aachen
Mitarbeit: A.McTaggart D.Meyknecht
-Haus Vonderhecken in (B) Raeren
Entwurf Chr. Schulten
Genehmigungsplang. Arch. Radermacher (B) Eynatten
-Halle für Windkanal RWTH Aachen
Architekt: Schulten
Statik Prof. Sedlacek, Lehrstuhl für Stahlbau
-Umbau Luisenstift in Görlitz
ARGE S+H, Dresden (Schulten/Helmedag)
Mitarbeit:
D. Abele, A.Quincke
Durchführung: Schmidt u. Schindler, Görlitz
Wettbewerbe:
-Daimler-Benz AG
Mitarbeit: R Gerhardt
Kunstpalast Düsseldorf
Mitarbeit:D.Meyknecht A.McTaggart
-Lipp. Landesmuseum Schulten Meyknecht
-Hoeppner Kaserne,
Mitarbeit: H.Lorenz
-Gedenkstätte Berliner Mauer
Mitarbeit: H.Lorenz, A.McTaggart
-Johanniter Kindertagesstätte in Erkelenz
Mitarbeit: H.Lorenz
-Umbau Ferienhütte auf Thormanby Island, B:C. Kanada, Schulten/ McTaggart
-Ferienhaus in Granthams Landing
B.C. Kanada, Schulten/A.McTaggart
Durchführung:
Mike Ryan ,Sechelt B.C.

Fotos

Die Fotos sind vom Verfasser, bis auf:
S. 24 Lip Tek Ho
S. 61,65 K. Hermanns
S. 91 A. McTaggart
S. 134,135 K. Schmiedel
S. 137 M. Brauwers
S. 142,149,151,152 I.Helmedag

Zeichnungen, Skizzen

Die Zeichnungen und Skizzen sind vom Verfasser, bis auf:
S. 70 E. Heckmanns
S. 147 A. Quincke

Modelle

S. 77 Th. Haven
S. 90 Familien Haus-Heyden-Hof
S. 94 A.McTaggart
S. 110 Th. Haven
S. 141 H.Lorenz
S. 145 D.Baukus
S. 155 R. Gerhard
S. 157 K.Brand
S. 159 D. Meyknecht
S. 161 D.Meyknecht
S. 163 H.Lorenz
S. 165 H.Lorenz

Christoph Schulten
1948 geboren, aufgewachsen im Ruhrgebiet, Architekturstudium an der RWTH Aachen, dann dort Assistent und freier Architekt.
1992-2013 Professur Baukonstruktion und Gebäudeerhaltung, TU Dresden.
2016 schultenarchitektur, Aachen.